Integrale visie

Integrale visie

op het leven, God, het universum en alles

Ken Wilber

Derde druk

Oorspronkelijke titel: *The Integral Vison*, uitgegeven door Shambhala Publications, Inc., Boston, Verenigde Staten.

Vertaling: Chris Mouwen

Eerste druk 2008
Tweede druk 2011
Derde druk 2017

CIP-gegevens
ISBN: 978 90 202 0238 0
NUR: 720
Trefwoord: Ken Wilber / integrale visie

© 2007 Ken Wilber
© 2008 Nederlandse vertaling Uitgeverij Ankh-Hermes bv, Deventer

Uit deze uitgave mag uitsluitend iets verveelvoudigd, opgeslagen in een geautomatiseerd gegevensbestand en/of openbaar gemaakt worden door middel van druk, fotokopie, microfilm, opnamen, of op welke andere wijze ook, hetzij chemisch, elektronisch of mechanisch, na voorafgaande schriftelijke toestemming van de uitgever.

Any part of this book may only be reproduced, stored in a retrieval system and/or transmitted in any form, by print, photoprint, microfilm, recording, or other means, chemical, electronic or mechanical, with the written permission of the publisher.

*Met speciale dank aan de staf van het Integral Institute,
die met onvermoeibare inzet, intelligentie, passie en creativiteit helpt om de
integrale visie werkelijkheid te laten worden voor allen die willen meedoen
met het AKWAN-avontuur.*

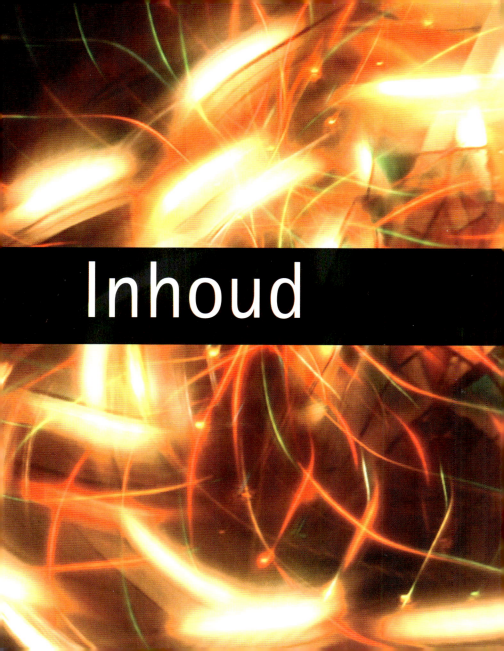

Inhoud

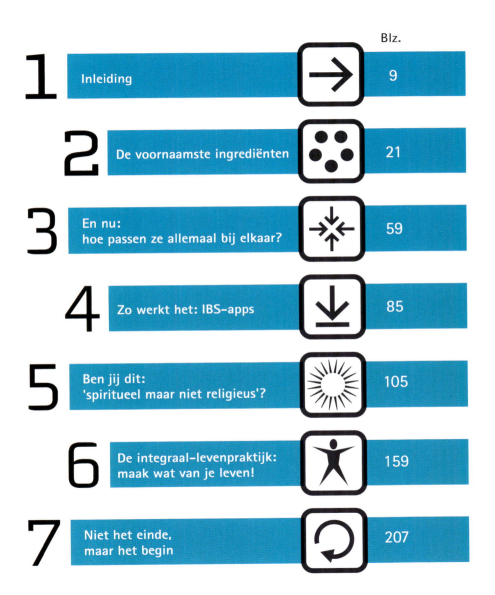

HOOFDSTUK 1
INLEIDING

Hoe kunnen we wijs worden uit ons eigen **leven** en **bewustzijn**?

Als ik nu eens een uitgebreide kaart had van mezelf en de schitterende nieuwe wereld waarin ik me bevind.

Integrale visie

De afgelopen dertig jaar zijn we getuige geweest van een historische doorbraak: alle culturen ter wereld staan ons nu ter beschikking. Als je in het verleden geboren zou zijn als, laten we zeggen, Chinees, bracht je waarschijnlijk je hele leven door in één cultuur, vaak in één provincie, soms in één huis, en leefde, beminde en stierf je op één klein stukje grond. Tegenwoordig zijn mensen niet alleen geografisch mobiel, maar we kunnen ook vrijwel elke bekende cultuur op de planeet bestuderen, en dat doen we dan ook. In het werelddorp zijn alle culturen zichtbaar voor elkaar.

Kennis zelf is nu mondiaal. Dit betekent, en dat is ook voor het eerst, dat het totaal van menselijke kennis beschikbaar is voor ons – de kennis, ervaring, wijsheid en reflectie van alle belangrijke menselijke beschavingen – premodern, modern en postmodern – kunnen nu door iedereen worden bestudeerd.

Stel dat we letterlijk alles zouden verzamelen wat de verschillende culturen ons te vertellen hebben over het menselijk potentieel – over spirituele groei, psychische groei, maatschappelijke groei – en het allemaal op tafel zouden leggen. Als we nu eens zouden proberen de meest essentiële sleutels voor menselijke groei, gebaseerd op het totaal van de menselijke kennis waar we nu over kunnen beschikken, te vinden. Stel dat we op basis van uitvoerige crossculturele studies zouden proberen alle grote tradities van de wereld te gebruiken om een samengestelde kaart, een uitgebreide kaart, een allesomvattende of *integrale* kaart, te creëren die de beste elementen uit alle culturen omsluit.

Klinkt ingewikkeld, complex, ontmoedigend? In zekere zin is het dat ook. In andere opzichten blijken de resultaten verrassend eenvoudig en elegant. Sinds verscheidene decennia is er inderdaad een uitgebreide speurtocht gaande naar een veelomvattende kaart van het menselijk potentieel. Deze kaart maakt gebruik van alle bekende methoden en modellen voor menselijke groei – van de aloude sjamanen en wijzen tot actuele doorbraken in de cognitieve wetenschap – en vat de hoofdcomponenten ervan samen in vijf eenvoudige factoren, factoren die de essentiële elementen of sleutels zijn tot het ontsluieren en bevorderen van de menselijke evolutie.

Welkom bij de integrale benadering.

Een integrale of allesomvattende kaart

Wat zijn deze vijf elementen? We noemen ze **kwadranten**, **niveaus**, **lijnen**, **toestanden** en **typen**. Zoals je zult zien zijn deze elementen allemaal *nu aanwezig in je eigen bewustzijn*. Deze vijf elementen zijn geen louter theoretische concepten; het zijn aspecten van je eigen ervaring, contouren van je eigen bewustzijn, zoals je gaandeweg zonder moeite voor jezelf zult kunnen verifiëren.

Wat heeft het gebruik van deze integrale kaart voor zin? In de eerste plaats, of je nu werkt in het bedrijfsleven, de geneeskunde, psychotherapie, rechtshandhaving, milieubescherming, of gewoon doende bent met het dagelijkse leven en leren, de integrale benadering helpt ervoor te zorgen dat je alle mogelijkheden benut. Als je over de Rocky Mountains probeert te vliegen, zal naarmate je een nauwkeuriger kaart hebt de kans kleiner zijn dat je verongelukt. Een integrale benadering waarborgt dat je voor elke situatie het volledige scala aan hulpmiddelen gebruikt, waardoor de kans op succes toeneemt.

In de tweede plaats, als je deze vijf elementen leert herkennen in je eigen bewustzijn – en omdat ze daar hoe dan ook zijn – kun je ze gemakkelijker begrijpen, ze toepassen, ze gebruiken ... en daardoor je eigen groei en ontwikkeling naar hogere, ruimere, diepere vormen van zijn, om niet te spreken van grotere uitmuntendheid en prestaties in werk en beroepsleven, enorm versnellen. Een simpele vertrouwdheid met de vijf elementen van het integrale model zal je helpen je gemakkelijker en vollediger te oriënteren tijdens deze opwindende reis van ontdekking en bewustwording.

Kortom, de integrale benadering helpt je om zowel jezelf als de wereld om je heen ruimer en op effectievere manieren te zien. Eén ding is echter belangrijk om je van meet af aan te realiseren: de integrale kaart is alleen maar een kaart; hij is niet het terrein zelf. We moeten de kaart zeker niet verwarren met het terrein – maar we zouden evenmin met een onnauwkeurige of gebrekkige kaart moeten werken. Wil je met een slechte kaart over de Rocky Mountains vliegen? De integrale kaart is slechts een kaart, maar het is wel de compleetste en nauwkeurigste kaart die we op dit moment hebben.

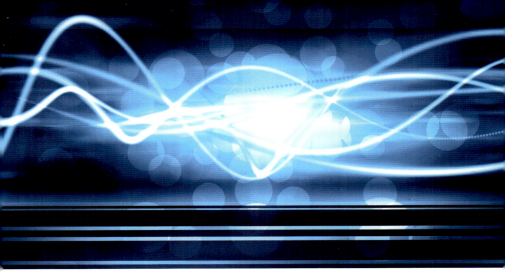

Wat is een IBS?

IBS betekent gewoon **integraal besturingssysteem**. In een informatienetwerk is een besturingssysteem de infrastructuur die het mogelijk maakt dat verschillende softwareprogramma's functioneren. We gebruiken **integraal besturingssysteem** of IBS als een andere uitdrukking voor de integrale kaart. Het gaat er gewoon om dat als je in je leven 'software' gebruikt – in zaken, werk, spel of relaties – je het beste besturingssysteem wilt dat je kunt vinden, en het IBS is precies wat je zoekt. Doordat het alle mogelijkheden omvat, kunnen de effectiefste programma's worden gebruikt. Dit is gewoon een andere manier om over het allesomvattende en inclusieve karakter van het integrale model te praten.

We zullen ook onderzoeken wat misschien wel de belangrijkste toepassing is van de integrale kaart of het integrale besturingssysteem. Omdat een IBS kan worden gebruikt om elke bezigheid – van kunst en dans tot bedrijfsleven, politiek, ecologie en spiritualiteit – te helpen duiden, maakt het mogelijk dat elk van die gebieden met de andere praat. Gebruikmakend van een IBS heeft het bedrijfsleven de terminologie waarmee het voluit kan communiceren met ecologie, die kan communiceren met kunst, die kan communiceren met recht, dat kan communiceren met poëzie en onderwijs en geneeskunde en spiritualiteit. Dit is in de geschiedenis van het mensdom eigenlijk nooit eerder voorgekomen.

Door de integrale benadering toe te passen – middels een integrale kaart of integraal besturingssysteem – zijn we in staat interdisciplinaire en transdisciplinaire kennis te bevorderen en enorm te versnellen, waarmee we de eerste echte integrale leergemeenschap ter wereld creëren: de Integrale Universiteit. En op het vlak van religie en spiritualiteit heeft toepassing van de integrale benadering de oprichting mogelijk gemaakt van het Integraal Spiritueel Centrum, waar sommigen van de meest vooraanstaande spirituele leraren van alle grote religies bijeenkomen, niet alleen om naar elkaar te luisteren, maar ook om 'leraren les te geven', resulterend in een van de meest buitengewone leerevenementen die men zich kan voorstellen. We zullen terugkomen op deze belangrijke bijeenkomsten en hoe je je, als je dat wilt, bij deze gemeenschap kunt aansluiten.

Maar het begint allemaal met de volgende eenvoudige vijf elementen binnen de contouren van je eigen bewustzijn.

Hoofdstuk 2

De voornaamste ingrediënten

Wat zijn de essentiële aspecten van mijn **bewustzijn,**

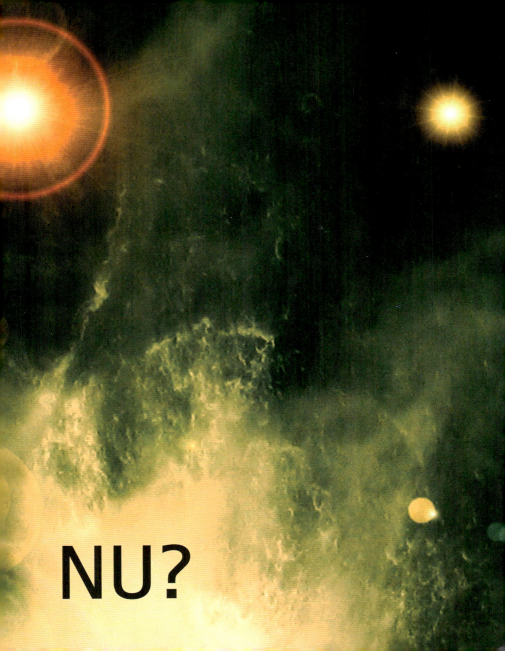

We kunnen deze voornaamste ingrediënten *ervaren* door een *eenvoudige* rondleiding

In de inleiding zeiden we dat alle vijf ingrediënten van de integrale kaart *nu* aanwezig zijn in je eigen bewustzijn. Wat volgt is dan ook, in zekere zin, een rondleiding door je eigen ervaring.
Kom dus mee en zie of je nu enkele van deze aspecten die in je eigen bewustzijn aanwezig zijn, kunt herkennen.

Integrale visie

Sommige van de elementen van de integrale kaart verwijzen naar subjectieve werkelijkheden in je, andere verwijzen naar objectieve werkelijkheden in de wereld daarbuiten, en weer andere duiden op collectieve of gemeenschappelijke werkelijkheden die met anderen worden gedeeld. Laten we beginnen met bewustzijnstoestanden die naar subjectieve werkelijkheden verwijzen.

Bewustzijnstoestanden

Iedereen is vertrouwd met primaire **bewustzijnstoestanden** zoals wakker zijn, dromen en diepe slaap. Nu ben je in een toestand van waakbewustzijn (of, als je moe bent, misschien in een toestand van dagdroombewustzijn). Er bestaan allerlei verschillende bewustzijnstoestanden, waaronder *meditatieve toestanden* (opgeroepen door yoga, contemplatief gebed, meditatie enzovoort), *veranderde toestanden* (bijvoorbeeld door drugs opgewekt), en een scala aan *piekervaringen*, die in veel gevallen kunnen worden opgeroepen door intense ervaringen zoals de liefde bedrijven, wandelen in de natuur, of naar voortreffelijke muziek luisteren.

De grote wijsheidstradities (zoals de christelijke mystiek, het vedanta-hindoeïsme, het vajrayana-boeddhisme en de joodse kabbala) stellen dat de drie *natuurlijke toestanden* van bewustzijn – wakker zijn of waken, dromen en diepe, vormloze slaap – in feite een onverwachte schat

piekervaringen: de bliksem slaat in!

aan spirituele wijsheid en spiritueel ontwaken herbergen ... als we weten hoe we ze correct kunnen gebruiken. We beschouwen de droomstaat gewoonlijk als minder werkelijk, maar als je die nu eens zou kunnen betreden terwijl je wakker bent? Of terwijl je diep in slaap bent? Zou je in die ontwaakte bewustzijnstoestanden iets buitengewoons kunnen leren? Op een bijzondere manier, die we in de loop van dit boek zullen onderzoeken, zouden de drie grote natuurlijke bewustzijnstoestanden – waken, dromen en diepe slaap – een compleet spectrum van spirituele verlichting kunnen inhouden. Je hebt waarschijnlijk weleens gehoord van satori? Het is een zen-begrip voor een diepe ervaring van spiritueel ontwaken, die de ultieme geheimen – of *het* ultieme geheim – van het universum zelf zou omvatten.

Op een veel eenvoudiger, aardser niveau ervaart iedereen echter verschillende bewustzijnstoestanden, en deze toestanden schenken vaak diepe motivatie, zin en intens elan, zowel in jou als in anderen. Denk aan de vele aha-ervaringen van briljant creatief inzicht; stel dat we daar altijd uit konden putten wanneer grote problemen moeten worden opgelost? In bepaalde situaties zijn bewustzijnstoestanden misschien geen erg belangrijke factor, of zijn ze juist de bepalende factor, maar een integrale benadering kan het zich nooit veroorloven ze te negeren. Elke keer dat je een IBS gebruikt, zul je automatisch worden aangemoedigd om na te gaan of je de mogelijkheden benut van deze belangrijke subjectieve werkelijkheden. Dit is een voorbeeld van de manier waarop een kaart – in dit geval het IBS of de integrale kaart – je kan helpen zoeken naar territorium waarvan je het bestaan misschien niet eens had vermoed, en je vervolgens middelen verschaft om er je weg te vinden ...

Ontwikkelingsstadia of -niveaus

Een interessant aspect van bewustzijnstoestanden is: ze komen en gaan. Zelfs geweldige piekervaringen of veranderde bewustzijnstoestanden, hoe intens ook, zullen opkomen, een poosje blijven, en dan voorbijgaan. Hoe wonderbaarlijk hun vermogens ook zijn, ze zijn tijdelijk.

Terwijl bewustzijnstoestanden tijdelijk zijn, zijn **bewustzijnsstadia** blijvend. Stadia vertegenwoordigen de feitelijke mijlpalen van groei en

Figuur 1. *Niveaus: alle ontwikkeling is omwikkeling.*

ontwikkeling. Wanneer je een bepaald stadium eenmaal hebt bereikt, is dat een blijvende verworvenheid. Wanneer een kind bijvoorbeeld eenmaal de stadia van taalontwikkeling heeft doorlopen, heeft het permanent toegang tot taal. Taal is geen piekervaring die het ene moment aanwezig en het andere moment verdwenen is. Hetzelfde gebeurt bij andere vormen van groei. Zodra je stabiel een stadium van groei en ontwikkeling bereikt, heb je praktisch wanneer je maar wilt toegang tot de vermogens van dat stadium – zoals ruimer bewustzijn, liefde die meer omvat, een hoger ethische roeping, meer intelligentie en gewaarzijn. *Vluchtige toestanden* zijn *blijvende eigenschappen* geworden.

Hoeveel ontwikkelingsstadia zijn er? Wel, bedenk dat de manier waarop je op welke kaart ook het feitelijke gebied verdeelt en weergeeft enigszins willekeurig is. Hoeveel graden verschil is er bijvoorbeeld tussen water dat bevriest en water dat kookt? Als je de Celsiusschaal of '-kaart' gebruikt, is het verschil tussen het vries- en het kookpunt 100 graden. Als je de Fahrenheitschaal gebruikt, ligt het vriespunt echter op 32 en het kookpunt op 212 graden, zodat er een verschil van 180 graden is. Welke schaal is juist? Allebei zijn juist. Het hangt er gewoon van af hoe je de taart wilt snijden.

Hetzelfde geldt voor stadia. Ontwikkeling kan op allerlei manieren worden verdeeld en ingedeeld, en er zijn dan ook allerlei **stadiaconcepten**. Ze kunnen allemaal nuttig zijn. Het chakrasysteem uit de yogafilosofie kent bijvoorbeeld zeven hoofdstadia of -niveaus van bewustzijn. Jean Gebser, een beroemd antropoloog, beschreef er vijf: het archaïsche, het magische, het mythische, het rationele en het integrale. Bepaalde westerse psychologische modellen gaan uit van acht, twaalf of meer ontwikkelingsniveaus. Welk model is juist? Allemaal zijn ze juist; het hangt gewoon af van waar je naar wilt kijken in groei en ontwikkeling.

'Ontwikkelings**stadia**' worden ook aangeduid als 'ontwikkelings**niveaus**', waarbij het idee is dat elk stadium een niveau van ordening of een niveau van complexiteit vertegenwoordigt. In de opeenvolging van atomen naar moleculen naar cellen naar organismen, bijvoorbeeld, behelst elk van die stadia een hoger niveau van complexiteit. Het woord 'niveau' wordt hier niet in oordelende zin gehanteerd en heeft ook niet de bedoeling om uit te sluiten, maar gewoon om aan te geven dat er belangrijke *opkomende* eigenschappen zijn die gewoonlijk op onderscheiden of kwantumachtige wijze verschijnen, en deze ontwikkelingssprongen of –niveaus zijn een belangrijk aspect van veel natuurlijke verschijnselen.

En, wat zeer belangrijk is, vaak duiden we de stadia, om hun beweeglijke en vloeiende karakter te benadrukken, aan als *golven*. Stadia of golven van ontwikkeling zijn een belangrijk ingrediënt van een IBS. Over het algemeen werken we in het integrale model met ongeveer acht tot tien niveaus, stadia of golven van ontwikkeling. Na jaren veldwerk hebben we ontdekt dat meer stadia te omslachtig, en minder te vaag is. Enkele van de stadiaconcepten die we vaak gebruiken zijn die van de zelfontwikkeling, waarvoor Jane Loevinger en Susann Cook-Greuter het pionierswerk verrichtten; de spiraaldynamiek van Beck en Cowan; en de bewustzijnsorden waar Robert Kegan onderzoek naar deed. Er zijn binnen de integrale benadering echter nog veel meer nuttige stadiaconcepten beschikbaar, die elk toe te passen zijn naargelang hun geschiktheid voor je situatie.

Wanneer we verderop in dit boek op de bijzonderheden ingaan, zul je zien hoe ongelooflijk belangrijk stadia kunnen zijn. Maar laten we nu aan de hand van een eenvoudig voorbeeld duidelijk maken waar het om gaat.

Integrale visie

Egocentrisch, etnocentrisch en wereldcentrisch

Laten we, om te begrijpen waar het bij niveaus of stadia om gaat, een zeer eenvoudig model gebruiken dat maar drie van deze stadia telt. Als we naar morele ontwikkeling kijken, stellen we bijvoorbeeld vast dat een baby bij de geboorte nog niet gesocialiseerd is in de ethiek en conventies van de cultuur; dit wordt het **preconventionele stadium** genoemd. Het wordt ook **egocentrisch** genoemd, omdat het bewustzijn van de baby grotendeels door zichzelf in beslag genomen wordt. Maar als het jonge kind de regels en normen van zijn cultuur begint te leren, treedt het geleidelijk het **conventionele stadium** van de moraal binnen. Dit stadium wordt ook **etnocentrisch** genoemd, omdat het gericht is op de specifieke groep, de stam of het volk van het kind, en dit daarom geneigd is degenen die niet tot zijn groep behoren uit te sluiten. In het volgende hoofdstadium van morele ontwikkeling, het **postconventionele stadium**, breidt de identiteit van het individu zich opnieuw uit en omvat nu zorg voor en betrokkenheid bij alle volkeren, ongeacht ras, kleur, sekse of geloof, wat de reden is dat dit stadium ook **wereldcentrisch** wordt genoemd.

Morele ontwikkeling beweegt zich daarom gewoonlijk van 'ik' (egocentrisch) naar 'wij' (etnocentrisch) naar 'wij allemaal' (wereldcentrisch) – een goed voorbeeld van de zich ontvouwende golven van bewustzijn. Deze drie stadia kunnen anders worden voorgesteld als **lichaam**, **intellect** (*mind*) en **geest** (*spirit*).

Die woorden hebben alle veel verschillende en geldige betekenissen,

Figuur 2. *Psychische ontwikkeling is ook omwikkeling.*

maar wanneer ze specifiek worden gebruikt om naar stadia te verwijzen, betekenen ze het volgende:

Stadium 1, dat wordt beheerst door mijn grove fysieke werkelijkheid, is het 'lichaam'-stadium (waarbij 'lichaam' wordt gebruikt in de kenmerkende betekenis van fysiek lichaam). Omdat je je louter vereenzelvigt met het afzonderlijke lichamelijke organisme en zijn overlevingsinstincten, is dit ook het 'ik'-stadium of egocentrische stadium.

Stadium 2 is het 'intellect'-stadium, waarin de identiteit zich uitbreidt vanuit het geïsoleerde grove lichaam en met vele anderen relaties aanknoopt, die gebaseerd kunnen zijn op gedeelde waarden, gemeenschappelijke belangstelling, gezamenlijke idealen of gedeelde dromen. Omdat ik het intellect kan gebruiken om me in de rol van anderen te verplaatsen – in hun schoenen te gaan staan en te voelen hoe het is om hen te zijn – breidt mijn identiteit zich uit van 'ik' naar 'wij' (de beweging van egocentrisch naar etnocentrisch).

In stadium 3 breidt mijn identiteit zich opnieuw uit, deze keer van vereenzelviging met 'wij' tot vereenzelviging met 'wij allemaal' (de beweging van etnocentrisch naar wereldcentrisch). Hier begin ik te begrijpen dat er naast de wonderbaarlijke diversiteit van mensen en culturen ook overeenkomsten en gedeelde gemeenschappelijke kenmerken bestaan. Ontdekking van het rijk van alle schepsels is de beweging van etnocentrisch naar wereldcentrisch, en is 'spiritueel' in de zin dat alle bewuste wezens dingen gemeen hebben.

Dit is één manier om de ontplooiing van lichaam tot intellect tot geest te zien, waarbij elk wordt beschouwd als een stadium, golf of niveau van zich ontplooiende zorg en bewustzijn, in een beweging van egocentrisch naar etnocentrisch naar wereldcentrisch.

We zullen nog terugkomen op stadia van evolutie en ontwikkeling, die we steeds vanuit een nieuwe invalshoek gaan onderzoeken. Voorlopig hoef je alleen te begrijpen dat we met 'stadia' zich stap voor stap ontwikkelende en permanente mijlpalen langs het evolutionaire pad van je eigen ontplooiing bedoelen. Of we nu praten over bewustzijnsstadia, energiestadia, cultuurstadia, stadia van spirituele realisatie, stadia van morele ontwikkeling, enzovoort, we hebben het over de belangrijke en fundamentele stappen in de ontplooiing van je hogere, diepere, ruimere potentieel.

Elke keer dat je een IBS gebruikt, zul je er automatisch toe worden aangezet om te controleren of je de belangrijke **stadia-aspecten** van een situatie in aanmerking hebt genomen, wat je kans op succes enorm zal verhogen, of dat succes nu wordt gemeten in termen van persoonlijke transformatie, maatschappelijke verandering, uitblinken in zaken, zorg voor anderen, of eenvoudig voldoening in het leven.

Ontwikkelingslijnen: ik ben goed in sommige dingen, niet zo goed in andere ...

Heb je weleens opgemerkt hoe ongelijkmatig ontwikkeld we bijna allemaal zijn? Sommige mensen zijn hoogontwikkeld in, laten we zeggen, logisch denken, maar gebrekkig ontwikkeld op emotioneel gebied. Sommige mensen zijn vergevorderd in cognitieve ontwikkeling (ze zijn zeer intelligent), maar hun morele ontwikkeling is gering (ze zijn kleingeestig en meedogenloos). Sommige mensen munten uit in emotionele intelligentie, maar weten niet dat twee plus twee vier is.

Howard Gardner gaf dit concept een redelijke mate van bekendheid met zijn idee van **meervoudige intelligentie**. Mensen beschikken over een verscheidenheid van intelligenties, zoals cognitieve intelligentie, emotionele intelligentie, muzikale intelligentie, kinesthetische intelligentie, enzovoort. De meeste mensen excelleren in een of twee ervan, maar presteren weinig op het terrein van de overige. Dit is niet per se of zelfs maar meestal een slechte zaak; integrale wijsheid houdt voor een deel in dat we erachter komen waar we in uitblinken, en dus hoe we de wereld het beste onze grootste gaven kunnen bieden.

Maar dit betekent dat we ons bewust moeten zijn van zowel onze sterke punten (of van de intelligenties waarmee we kunnen schitteren) als onze zwakheden (het gebied waarop we slecht of zelfs pathologisch functioneren). Dit brengt ons op het volgende van onze vijf essentiële elementen: onze meervoudige intelligentie of diverse ontwikkelingslijnen. Tot dusver hebben we naar **toestanden** en **stadia** gekeken; wat zijn **lijnen** of diverse vormen van intelligentie?

Tot de diverse vormen van intelligentie behoren: de cognitieve, de intermenselijke, de morele, de emotionele en de esthetische. Waarom worden deze ook **ontwikkelingslijnen** genoemd? Omdat die intelligenties groei en ontwikkeling vertonen. Ze ontplooien zich in gestaag voortschrijdende stadia. Wat zijn die voortschrijdende stadia? De stadia die we

De voornaamste ingrediënten

zojuist hebben geschetst. Met andere woorden: elk van deze diverse vormen van intelligentie groeit – of kan groeien – via de drie hoofdstadia (of via elk van de stadia van de ontwikkelingsmodellen, of het nu om drie stadia, vijf stadia, zeven of meer gaat; bedenk dat ze alle vergelijkbaar zijn met Celsius en Fahrenheit). Je kunt bijvoorbeeld cognitieve ontwikkeling vertonen in stadium een, in stadium twee en in stadium drie.

Hetzelfde geldt voor de andere intelligenties. Emotionele ontwikkeling in stadium 1 betekent dat je het vermogen hebt ontwikkeld om emoties te hebben die gericht zijn op 'ik', vooral de emoties en driften die honger, overleving en zelfbescherming betreffen. Als je emotioneel doorgroeit van stadium 1 naar stadium 2 – van egocentrisch naar etnocentrisch – zul je je verruimen van 'ik' naar 'wij' en emotionele toewijding en gehechtheid beginnen te ontwikkelen aan dierbaren, familieleden, intieme vrienden, misschien je hele stam of volk. Als je doorgroeit naar emoties van stadium 3, zul je ook de capaciteit voor zorg en mededogen ontwikkelen die verder reikt dan je eigen stam of volk en die alle mensen, zelfs alle bewuste wezens, in wereldcentrische zorg en mededogen probeert te omvatten.

En onthoud, omdat het stadia zijn, dat je ze in permanente zin hebt bereikt. Voordat dit het geval is, zal elk van deze vermogens louter een voorbijgaande toestand zijn: sommige zullen tijdelijk worden ingeschakeld, als het al gebeurt – geweldige piekervaringen van verruimd weten en zijn, verwonderlijke aha-ervaringen, intense veranderde vluchtige waarnemingen van je eigen hogere mogelijkheden. Door oefening zul je die geestestoestanden echter veranderen in stadia, in blijvende eigenschappen in het gebied dat jij bent.

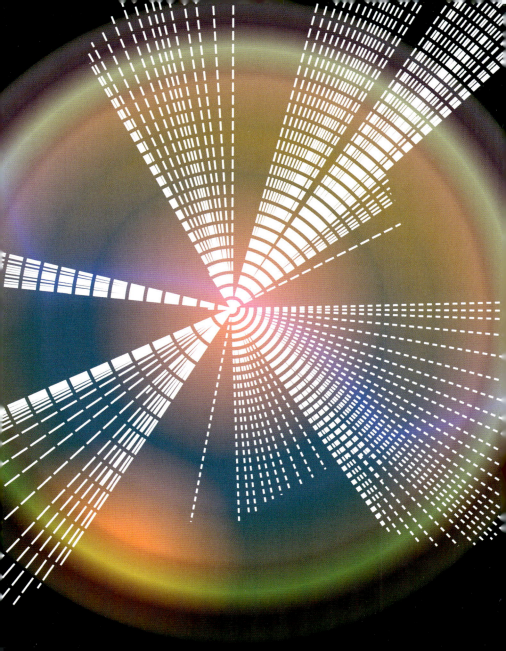

De voornaamste ingrediënten

Het integrale psychogram

Er is een tamelijk gemakkelijke manier om deze vormen van intelligentie of diverse lijnen voor te stellen. In figuur 3 (blz. 42) hebben we een eenvoudige grafiek getekend die de drie hoofdstadia (of ontwikkelings**niveaus**) en vijf van de belangrijkste intelligenties (of ontwikkelings**lijnen**) weergeeft. **De verschillende lijnen ontplooien zich door de hoofdstadia of -niveaus van ontwikkeling heen.** De drie niveaus of stadia zijn van toepassing op elke ontwikkelingslijn – de seksuele, de cognitieve, de spirituele, de emotionele, de morele enzovoort. Het niveau van een bepaalde lijn betekent gewoon de 'hoogte' van die lijn in termen van groei en bewustzijn. Daarom zeggen mensen vaak: 'Die persoon is moreel hoogontwikkeld', of: 'Die persoon is spiritueel heel ver.'

In figuur 3 laten we iemand zien die uitmunt in cognitieve ontwikkeling en goed is in intermenselijke ontwikkeling, maar slecht functioneert qua morele en heel slecht qua emotionele intelligentie. Voor andere individuen zou natuurlijk een ander 'psychogram' gelden.

Het **psychogram** helpt je te herkennen waar je grootste potentieel ligt. Heel waarschijnlijk weet je al waar je wel en waar je niet in uitblinkt. De integrale benadering houdt echter onder meer in dat je deze kennis van je eigen contouren aanzienlijk leert verfijnen, zodat je met meer zelfvertrouwen om leert gaan met zowel je eigen sterke en zwakke punten, als die van anderen.

Integrale visie

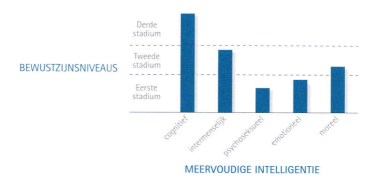

Figuur 3. *Een psychogram.*

Het psychogram helpt ons ook om te herkennen hoe we vrijwel allemaal ongelijkmatig ontwikkeld zijn, en dat helpt ons onszelf te weerhouden van het idee dat we, alleen omdat we geweldig zijn op het ene gebied, beslist geweldig moeten zijn op alle andere gebieden. In feite geldt meestal het tegenovergestelde. Meer dan één leider, spiritueel leraar of politicus is spectaculair mislukt door gebrek aan besef van deze eenvoudige realiteit. 'Integraal ontwikkeld zijn' betekent niet dat je in alle bekende intelligenties moet uitblinken, of dat je lijnen allemaal niveau 3 moeten hebben bereikt. Het betekent echter wel dat je een heel goed besef krijgt van de werkelijke toestand van je eigen psychogram, zodat je op basis van een veel completer zelfbeeld je toekomstige ontwikkeling kunt plannen. Voor sommige mensen zal dit inderdaad betekenen dat ze bepaalde intelligenties versterken die zo zwak zijn dat ze problemen opleveren. Voor anderen zal het betekenen dat ze een serieus probleem of ernstige pathologie in een bepaalde lijn (bijvoorbeeld de psychoseksuele) moeten oplossen. Voor weer anderen dat ze gewoon moeten herkennen waar hun sterke en hun zwakke punten liggen, en dienovereenkomstig hun plannen moeten maken. Door een integrale kaart te gebruiken, kunnen we ons eigen psychogram met meer zelfvertrouwen onderzoeken.

Integraal geïnformeerd zijn betekent dus niet dat je alle ontwikkelingslijnen meester moet zijn, alleen dat je ze bewust moet zijn. Als je vervolgens besluit eventuele onevenwichtigheden te verhelpen, maakt dat deel uit van de integraal-levenpraktijk (ILP), die daadwerkelijk helpt om niveaus van bewustzijn en ontwikkeling te verhogen door toepassing van een opmerkelijk doeltreffende 'brede spirituele training'. (We zullen de ILP uitvoerig bespreken in hoofdstuk 6.)

Neem nota van een ander zeer belangrijk punt. Bij bepaalde vormen van psychologische en spirituele training kun je vanaf het begin al kennismaken met een compleet spectrum van bewustzijns**toestanden** en lichamelijke ervaringen – in de vorm van een piekervaring, meditatieve toestand, sjamanistisch visioen, veranderde bewustzijnstoestand, enzovoort. De reden dat deze piekervaringen mogelijk zijn, is dat veel van de hoofdbewustzijnstoestanden (zoals waken-grof, dromen-subtiel en vormloos-causaal) altijd aanwezige mogelijkheden zijn. Je kunt dus al heel snel kennismaken met veel **hogere bewustzijnstoestanden**.

Zonder echte groei en oefening is het echter niet mogelijk kennis te maken met alle eigenschappen van **hogere stadia**. Je kunt een piekervaring van hogere *toestanden* beleven (zoals een innerlijk subtiel licht zien of je één voelen met de hele natuur) omdat veel bewustzijnstoestanden altijd aanwezig zijn, en een glimp ervan dus direct kan worden ervaren. Je kunt echter geen piekervaring van een hoger *stadium* hebben (zoals concertpianist zijn), omdat stadia zich in een bepaalde volgorde ontplooien en een aanzienlijke tijdsduur nodig hebben om zich te ontwikkelen. Stadia vormen zich geleidelijk op heel concrete manieren uit hun voorgangers en kunnen dus niet worden overgeslagen: atomen ontwikkelen zich van moleculen via cellen tot organismen, en het is niet mogelijk dat atomen overgaan in cellen, en moleculen worden overgeslagen. Dit is een van de vele belangrijke verschillen tussen toestanden en stadia.

Wanneer contact maken met hogere toestanden veelvuldig in praktijk wordt gebracht, zullen je eigen ontwikkelingsstadia zich gewoonlijk echter veel sneller en gemakkelijker ontplooien. Er is in feite heel wat proefondervindelijk bewijs waar dit duidelijk uit blijkt. Hoe vaker je je onderdompelt in authentieke hogere bewustzijns*toestanden* – meditatieve toestanden bijvoorbeeld – des te *sneller* zul je groeien en je door elk van de bewustzijns*stadia* heen ontwikkelen. Het is alsof oefening in hogere bewustzijnstoestanden als een smeermiddel op de spiraal van je ontwikkeling inwerkt, je helpt om los te komen van een lager stadium zodat het volgende hogere stadium kan verschijnen, tot je permanent en stabiel op hogere bewustzijnsniveaus kunt blijven, en wat een vluchtige toestand was een blijvende eigenschap is geworden. Een dergelijke training in hogere toestanden, zoals meditatie, maakt deel uit van elke integrale benadering van transformatie.

Kortom: je kunt de feitelijke *stadia* niet overslaan, maar je kunt wel je groei erdoorheen versnellen door verschillende vormen van *toestand*-oefeningen, zoals meditatie, toe te passen, en deze transformerende praktijken vormen een belangrijk onderdeel van de integrale benadering.

De voornaamste ingrediënten

Welk type: jongen of meisje?

De volgende component van de 'Allesomvattende kaart van het Gebied dat Jij Bent' is gemakkelijk; elk van de voorgaande componenten kent een mannelijk en een vrouwelijk type.

Typen duiden eenvoudig op elementen die in vrijwel elk stadium of vrijwel elke toestand aanwezig kunnen zijn. Een gebruikelijke typologie is bijvoorbeeld die van Myers-Briggs (wiens hoofdtypen voelen, denken, gewaarworden en intuïtief aanvoelen zijn). **Je kunt in vrijwel elk ontwikkelingsstadium elk van deze typen zijn.** Dit soort 'horizontale typologieën' kan zeer bruikbaar zijn, vooral in combinatie met niveaus, lijnen en toestanden. Om duidelijk te maken waar het om gaat, kunnen we 'mannelijk' en 'vrouwelijk' als voorbeeld van typen gebruiken.

Carol Gilligan wees er in haar enorm invloedrijke boek *In a Different Voice* op dat zowel mannen als vrouwen geneigd zijn zich te ontplooien via drie of vier hoofdstadia van morele ontwikkeling. Wijzend op veel bewijsmateriaal uit onderzoek, merkte Gilligan op dat deze drie of vier morele stadia *preconventioneel, conventioneel, postconventioneel* en *geïntegreerd* kunnen worden genoemd. Deze komen in werkelijkheid sterk overeen met de drie eenvoudige ontwikkelingsstadia die wij gebruiken, nu toegepast op morele intelligentie.

Gilligan stelde vast dat stadium 1 een moraliteit is die geheel op 'ik' gericht is (vandaar dat dit preconventionele stadium of niveau ook **egocentrisch** wordt genoemd). Morele ontwikkeling in stadium 2 is gericht op 'wij', zodat mijn identiteit zich heeft verruimd van alleen 'ik' tot andere mensen van mijn groep (vandaar dat dit conventionele stadium vaak **etnocentrisch**, traditioneel of conformistisch wordt genoemd). Bij de morele ontwikkeling van stadium 3 breidt mijn identiteit zich opnieuw uit, nu van 'wij' tot 'wij allemaal', alle mensen (of zelfs alle bewuste wezens), en dit stadium wordt daarom vaak **wereldcentrisch** genoemd. Ik voel nu zorg en mededogen, niet alleen voor mezelf (egocentrisch), en niet alleen voor mijn familie, mijn stam of mijn volk (etnocentrisch), maar voor de hele mensheid, voor alle mannen en vrouwen waar dan ook, ongeacht ras, kleur, sekse of geloof (wereldcentrisch). En als ik me nog verder ontplooi en de morele ontwikkeling bereik van stadium 4, die Gilligan het **geïntegreerde** stadium noemt, dan ...

Wel, laten we alvorens de belangrijke conclusie van Gilligans werk te bekijken, eerst nota nemen van haar grootste bijdrage. Gilligan vond nadrukkelijk dat vrouwen zich net als mannen ontplooien via deze drie of vier hiërarchische hoofdstadia van groei. Gilligan zelf duidt deze stadia correct als *hiërarchisch* aan omdat elk stadium *meer* capaciteit voor zorg en mededogen inhoudt. Ze zei echter dat vrouwen, wanneer ze deze stadia doorlopen, een ander soort logica gebruiken – ze ontwikkelen zich 'met een ander geluid'.

Mannelijke logica, of het geluid van een man, is gewoonlijk gebaseerd op begrippen als 'autonomie', 'gerechtigheid' en 'rechten'; terwijl de logica of het geluid van vrouwen doorgaans berust op begrippen als 'relatie', 'zorg' en 'verantwoordelijkheid'. Mannen zijn gericht op macht; vrouwen zijn gericht op gemeenschap. Mannen volgen regels; vrouwen volgen relaties. Mannen kijken; vrouwen raken aan. Mannen zijn geneigd tot individualisme, vrouwen tot relatie. Een van Gilligans favoriete verhalen: Een jongetje en een meisje zijn aan het spelen. Het jongetje zegt: 'Laten we zeerovertje spelen.' Het meisje zegt: 'Laten we spelen dat we naast elkaar wonen.' Jongetje: 'Nee, ik wil zeerovertje spelen!' 'Oké, speel jij de zeerover van hiernaast.'

Jongetjes hebben niet graag meisjes in de buurt wanneer ze bijvoorbeeld aan het honkballen zijn, omdat de twee geluiden erg met elkaar botsen, en vaak op een heel grappige manier. Een paar jongens zijn aan het honkballen, een van hen is voor de derde keer aan slag en mist, en hij begint te huilen. De andere jongens staan er onbewogen bij tot de jongen ophoudt met huilen; per slot van rekening zijn regels regels, en de regel is: drie keer aan slag en je bent uit. Gilligan wijst erop dat als er een meisje in de buurt is, zij meestal zal zeggen: 'Och, toe nou, laat het hem nog een keer proberen!' Het meisje ziet hem huilen en wil helpen, wil zich verbinden, wil helen. De jongens worden hier echter gek van – zij spelen dit spel als een inwijding in de wereld van regels en mannelijke logica. Gilligan zegt dat jongens zullen kwetsen om de regels in stand te houden; het meisje zal de regels overtreden om de gevoelens te sparen.

Met een ander geluid. Zowel de meisjes als de jongens zullen zich ontplooien via de drie of vier ontwikkelingsstadia van morele groei (van egocentrisch naar etnocentrisch naar wereldcentrisch naar geïntegreerd), maar zullen dat doen met een ander geluid, gebruikmakend van een andere logica. Gilligan noemt deze hiërarchische stadia bij vrouwen specifiek **zelfzuchtig** (dat is egocentrisch), **zorgzaam** (dat is etnocentrisch), **universeel zorgzaam** (dat is wereldcentrisch), en **geïntegreerd**. Waarom zei Gilligan (die in hoge mate verkeerd begrepen is ten aanzien van dit thema) eigenlijk dat deze stadia hiërarchisch zijn? Omdat elk stadium meer capaciteit voor zorgzaamheid en mededogen inhoudt. (Niet alle hiërarchieën zijn slecht, en dit is er een goed voorbeeld van waarom dat zo is.)

Geïntegreerd of stadium 4 – wat is dat? In de vierde en hoogste golf van morele ontwikkeling raken volgens Gilligan het mannelijke en het vrouwelijke geluid in ieder van ons gewoonlijk geïntegreerd. Dit betekent niet dat een persoon in dit stadium de onderscheidende kenmerken van het mannelijke en het vrouwelijke begint te verliezen, en daarom een soort karakterloos, androgyn, aseksueel wezen wordt. Mannelijke en vrouwelijke dimensies zouden zelfs verscherpt kunnen worden. Het betekent echter wel dat de individuen op goede voet raken met zowel de mannelijke als de vrouwelijke modus in zichzelf, ook al handelen ze normaliter overwegend vanuit een van beide.

Heb je weleens een *esculaap* gezien (het symbool van het medische

De voornaamste ingrediënten

Esculaap.

beroep)? Het is een staf met twee slangen die zich kruiselings om de staf winden en vleugels aan de bovenkant (zie hierboven). De staf zelf staat voor de centrale ruggengraat. Waar de slangen elkaar kruisen symboliseert de staf de individuele chakra's die zich van het laagste punt van de ruggengraat naar het hoogste bewegen; en de twee slangen zelf vertegenwoordigen de zon- en maanenergie (of de mannelijke en de vrouwelijke energieën) *van elk van de chakra's.*

Dat is het essentiële punt. De zeven chakra's, die gewoon een ingewikkelder versie zijn van de drie eenvoudige niveaus of stadia, vertegenwoordigen zeven niveaus van bewustzijn en energie die voor alle mensen beschikbaar zijn. (De eerste drie chakra's – voedsel, seks en macht – zijn ruwweg stadium 1; chakra 4 en 5 – hart en communicatie, relationeel – zijn in essentie stadium 2; en chakra 6 en 7 – psychisch en spiritueel – zijn de belichaming van stadium 3.) Waar het hier om gaat is dat volgens de tradities **elk van die zeven niveaus een mannelijke en een vrouwe-**

lijke modus (aspect, type of 'geluid') heeft. Noch de mannelijke modus, noch de vrouwelijke is hoger of beter; het zijn twee gelijkwaardige typen op elk van de bewustzijnsniveaus.

Dit betekent bijvoorbeeld dat in het geval van chakra 3 (het chakra van egocentrische macht) er een mannelijke en een vrouwelijke versie van hetzelfde chakra is: op dat chakra-niveau zijn mannen gericht op macht die autonoom wordt uitgeoefend ('Zoals ik het wil en anders niet!'), en zijn vrouwen gericht op macht die gemeenschappelijk of maatschappelijk wordt uitgeoefend ('Doe het zo of ik praat niet meer met je'). Hetzelfde geldt voor de overige hoofdchakra's, die ieder een zonne- en een maandimensie, een mannelijke en een vrouwelijke dimensie hebben. Geen van beide is fundamenteler dan de andere; geen van beide kan worden genegeerd.

Neem er bij het zevende chakra echter nota van dat de mannelijke en de vrouwelijke slang beide in hun grond of bron verdwijnen. Mannelijk en vrouwelijk ontmoeten elkaar en verenigen zich bij de kruin – ze worden letterlijk één. En dat is wat Gilligan constateerde bij haar morele ontwikkeling in stadium 4: de twee geluiden in elke persoon raken geïntegreerd, zodat er een paradoxale vereniging plaatsvindt van autonomie en relaties, rechten en verantwoordelijkheden, macht en gemeenschap, wijsheid en mededogen, gerechtigheid en genade, mannelijk en vrouwelijk.

Waar het om gaat is dat je, telkens wanneer je een IBS gebruikt, elke situatie automatisch onderzoekt – in jezelf, in anderen, in een organisatie, in een cultuur – en ervoor zorgt dat je zowel het mannelijke type als het vrouwelijke type in aanmerking neemt, teneinde zo allesomvattend en inclusief mogelijk te zijn. Als je meent dat er geen grote verschillen

De voornaamste ingrediënten

tussen mannelijk en vrouwelijk zijn – of als je zulke verschillen wantrouwt – dan is dat ook prima, en kun je ze hetzelfde behandelen als je dat wilt. We zeggen gewoon dat je er in elk van beide gevallen voor dient te zorgen dat je je rekenschap geeft van zowel het mannelijke als het vrouwelijke, hoe je die ook ziet.

Bovendien zijn er nog tal van andere 'horizontale typologieën' die zeer nuttig kunnen zijn als onderdeel van een allesomvattend IBS (Myers-Briggs, enneagram enzovoort), en de integrale benadering maakt gebruik van elk van deze, of al deze, typologieën naargelang ze van pas komen. 'Typen' zijn net zo belangrijk als kwadranten, niveaus, lijnen en toestanden.

Zieke jongen, ziek meisje

Er is iets interessants aan typen. Je hebt ze in gezonde en ongezonde varianten. Zeggen dat iemand vastzit in een ongezond type is geen manier om over die persoon te oordelen, maar een manier om hem of haar te begrijpen en helderder en effectiever met de persoon te communiceren.

Als elk stadium van ontwikkeling een mannelijke en een vrouwelijke dimensie heeft, kan elk van deze dimensies bijvoorbeeld gezond of ongezond zijn, wat we soms 'zieke jongen, ziek meisje' noemen. Dit is eenvoudig een ander soort horizontale typering, maar wel een die uiterst bruikbaar kan zijn.

Integrale visie

'Katia, ik weet dat ik met de goede combinatie van therapie en medicijnen een vaste relatie met je zou kunnen hebben.'

Het gezonde mannelijke beginsel mag gericht zijn op autonomie, kracht, onafhankelijkheid en vrijheid, maar wanneer dat beginsel ongezond of ziekelijk is, zijn al die positieve eigenschappen hetzij overactief, hetzij te weinig werkzaam. Er is dan niet alleen autonomie, maar ook vervreemding; niet alleen kracht, maar ook overheersing; niet alleen onafhankelijkheid, maar ook morbide angst voor relaties en binding; niet alleen vrijheidsdrang, maar ook de drang om te vernietigen. Het ongezonde mannelijke beginsel blinkt niet uit in vrijheid, maar overheerst door angst.

Het gezonde vrouwelijke beginsel mag gericht zijn op stromen, relaties, zorgzaamheid en mededogen, maar het ongezonde vrouwelijke worstelt met elk van deze zaken. In plaats van relaties te hebben verliest ze zichzelf in relaties. In plaats van een gezond zelf in verbondenheid met anderen te hebben, verliest ze haar zelf volledig en wordt ze beheerst door de relaties die ze heeft. Geen verbinding, maar versmelting; geen toestand van stromen, maar een staat van paniek; geen gemeenschap, maar ineenstorting. Het ongezonde vrouwelijke beginsel vindt geen volheid in verbondenheid, maar ondervindt chaos in versmelting.

Door een IBS toe te passen, zul je manieren vinden om zowel de gezonde als de ongezonde mannelijke en vrouwelijke dimensies te herkennen die in jou en anderen werkzaam zijn. Waar het in deze paragraaf om gaat is echter alleen dit: verschillende typologieën zijn bruikbaar om ons te helpen anderen te begrijpen en met hen te communiceren. Zoals bij elke typologie bestaan er gezonde en ongezonde versies van een type. Een ongezond type aanwijzen betekent niet dat je over mensen oordeelt, maar is een manier om hen te begrijpen en helderder en effectiever met hen te communiceren.

Integrale visie

Er is zelfs ruimte voor veel lichamen

Laten we nu terugkomen op bewustzijnstoestanden om een laatste punt duidelijk te maken en vervolgens dit alles te combineren tot een integrale conclusie. Bewustzijnstoestanden zweven niet bengelend en onstoffelijk in de lucht. Integendeel, elke geest heeft zijn lichaam. Elke bewustzijnstoestand heeft een voelbare energetische component, een belichaamd gevoel, een concreet voertuig dat voorziet in de feitelijke ondersteuning van elke staat van bewustzijn.

Laten we een eenvoudig voorbeeld uit de wijsheidstradities nemen. Omdat we allemaal de drie hoofdbewustzijnstoestanden kennen – waken, dromen en vormloze slaap – stellen de wijsheidstradities dat we ook al-

De voornaamste ingrediënten

lemaal **drie lichamen** hebben, die vaak het **grove lichaam**, het **subtiele lichaam** en het **causale lichaam** worden genoemd.

Ik heb drie lichamen? Houd je me voor de gek? Is één lichaam niet genoeg? Onthoud echter een paar dingen. In de wijsheidstradities betekent een 'lichaam' gewoon een modus van ervaring of energetisch gevoel. Er is dus de ruwe of grove ervaring, de subtiele of verfijnde ervaring, en de zeer subtiele of causale ervaring. Dit zijn 'fenomenologische werkelijkheden', zoals filosofen het zouden noemen, of werkelijkheden zoals ze in ons onmiddellijk bewustzijn verschijnen. Je beschikt nu over een grof lichaam en zijn grove energie, een subtiel lichaam en zijn subtiele energie, en een causaal lichaam en zijn causale energie.

Wat is een voorbeeld van deze drie lichamen? Neem er nota van dat je, nu, in een *wakkere* staat van bewustzijn bent; als zodanig ben je je bewust van je **grove lichaam** – het fysieke, materiële, sensomotorische lichaam. Maar wanneer je 's nachts droomt, is er geen grof fysiek lichaam; het lijkt te zijn verdwenen. Je bent je bewust in de droomtoestand; je hebt echter geen grof lichaam van dichte materie, maar een **subtiel lichaam** van licht, energie, emotionele gevoelens, beweeglijke en stromende beelden. In de droomtoestand zijn het intellect en de ziel bevrijd en kunnen ze creëren wat ze willen, zich onmetelijke werelden voorstellen die niet gebonden zijn aan grove zintuiglijke werkelijkheden, maar op bijna magische wijze reiken naar andere zielen, andere personen en afgelegen oorden, fantastische en stralende beelden, die stromen op de maat van je hartenwensen. Wat voor lichaam heb je dus in de droom? Wel, een **subtiel lichaam** van gevoelens, beelden, zelfs licht. Zo voel je je in de droom. En dromen zijn niet alleen maar 'bedrog'. Wanneer iemand als Martin Luther King jr. zegt: 'Ik heb een droom', is dat een goed voorbeeld van het aanspreken van het geweldige potentieel van visionair dromen, waarbij het subtiele lichaam en de subtiele geest zich in vrijheid tot hun grootste mogelijkheden verheffen.

Wanneer je van de *droomtoestand* met zijn subtiele lichaam overgaat naar de diepe-slaap- of de *vormloze toestand*, vallen zelfs gedachten en beelden weg, en is er alleen maar een onmetelijke leegte, een vormloze uitgestrektheid die elk individueel 'ik' of ego of zelf te boven gaat. De grote wijsheidstradities beweren dat we in deze toestand – die misschien louter leegte of niets lijkt te zijn – in werkelijkheid ondergedompeld zijn in een kolossaal vormloos domein, een geweldige Leegte of Zijnsgrond, een uitspansel van bewustzijn dat vrijwel oneindig schijnt. Naast dit vrijwel oneindige uitspansel van bewustzijn is er een vrijwel oneindig lichaam of oneindige energie – het **causale lichaam**, het lichaam van de fijnst mogelijke, de subtielst mogelijke ervaring, een grootse vormloosheid waaruit creatieve mogelijkheden kunnen verschijnen.

Natuurlijk ervaren veel mensen die diepe staat niet op zo'n totale manier. Maar nogmaals, de traditfrom stellen eensgezind dat deze *vormloze toestand* en het *causale lichaam* volledig bewust kunnen worden betreden, en dat ook zij dan hun buitengewone potentieel voor groei en bewustzijn schenken.

Waar het ook nu weer om gaat, is eenvoudig dat een IBS, elke keer dat we het gebruiken, ons eraan herinnert te kijken naar onze waaktoestand-werkelijkheden, naar de dromen en visioenen en vernieuwende ideeën uit onze subtiele toestand, en naar onze eigen open, vormloze grond van mogelijkheden die de bron is van zoveel creativiteit. Waar het bij de integrale benadering in wezen om gaat, is dat we zoveel potentieel als mogelijk is zouden moeten aanspreken, om niets over het hoofd te zien ten aanzien van mogelijke oplossingen, groei en transformatie.

Bewustzijn en complexiteit

Misschien zijn drie lichamen gewoonweg te 'bizar'? Wel, bedenk dat dit fenomenologische werkelijkheden zijn, empirische werkelijkheden, maar er is een eenvoudiger manier om ernaar te kijken die niet zo bizar is, gebaseerd op nuchtere wetenschap. En wel zo: *elk niveau van innerlijk bewustzijn gaat gepaard met een niveau van uiterlijke lichamelijke complexiteit.* Hoe ruimer het bewustzijn, hoe complexer het systeem waarin het verblijft.

In levende organismen bijvoorbeeld gaat de **primitieve hersenstam** vergezeld van een rudimentair innerlijk bewustzijn van fundamentele driften zoals honger, fysiologische gewaarwordingen en sensomotorische handelingen (alles wat we eerder 'grof', gericht op het 'ik', noemden). Aangekomen bij het complexere **zoogdier-limbisch-systeem** hebben basisgewaarwordingen zich uitgebreid en zodanig ontwikkeld dat ze zeer verfijnde gevoelens, verlangens, emotioneel-seksuele impulsen, en behoeften omvatten (dus het begin van wat we de subtiele ervaring of het subtiele lichaam noemden, dat zich van 'ik' tot 'wij' kan uitbreiden). Naarmate de evolutie voortschrijdt naar nog ingewikkelder fysieke structuren,

Integrale visie

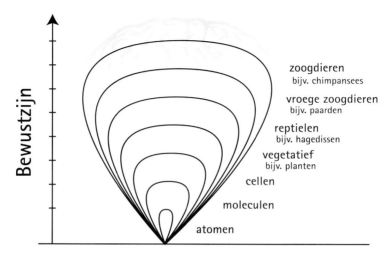

Figuur 4. *Toenemende complexiteit betekent groeiend bewustzijn.*

zoals de **drie-enige hersenen** met de **hersenschors**, verruimt bewustzijn zich verder tot een wereldcentrisch besef van 'wij allemaal' (en begint het zo zelfs gebruik te maken van wat we het causale lichaam noemen).

Dit is een zeer eenvoudig voorbeeld van het feit dat groeiend innerlijk bewustzijn gepaard gaat met toenemende uiterlijke complexiteit van de systemen waarin het verblijft. Wanneer we een IBS gebruiken, kijken we vaak naar zowel de **innerlijke niveaus van bewustzijn**, als naar de corresponderende **uiterlijke niveaus van fysieke complexiteit**, aangezien uitgaan van beide resulteert in een veel evenwichtiger en veel meeromvattende benadering.

Wat dit precies betekent zullen we in het volgende hoofdstuk zien.

Hoofdstuk 3

En nu: hoe passen ze allemaal bij elkaar?

Wat zijn de patronen die verbinden?

... de vier essentiële dimensies of perspectieven die ons universum bijeenhouden

Het IBS – en het integrale model –
zou geen 'geheel' maar een 'stapel'
zijn als het niet aangaf op welke
manier al deze verschillende
componenten verbonden zijn. Hoe
passen ze allemaal bij elkaar? Het is
één ding om eenvoudig alle
onderdelen van het crossculturele
onderzoek op tafel te leggen en te
zeggen: 'Ze zijn allemaal belangrijk!'
maar iets heel anders om de
patronen te herkennen die alle
onderdelen werkelijk verbinden. Het
ontdekken van de fundamentele
patronen die verbinden is een
belangrijke prestatie van de integrale
benadering.

Integrale visie

In dit hoofdstuk zullen we een korte schets geven van deze patronen, die samen soms worden aangeduid als **A-KW-A-N**, wat steno is voor 'alle kwadranten, alle niveaus, alle lijnen, alle toestanden, alle typen' – en dat zijn eenvoudig de componenten die we al in hoofdlijnen hebben beschreven (behalve de kwadranten, waar we dadelijk aan toe zullen komen). **AKWAN** is slechts een andere term voor IBS of integrale kaart, maar wordt vaak vooral gebruikt om deze specifieke benadering aan te duiden.

Aan het begin van deze inleiding zeiden we dat alle vijf componenten van het integrale model onderdelen waren die *nu beschikbaar zijn voor je bewustzijn*, en dat geldt ook voor de kwadranten.

Heb je er weleens nota van genomen dat de grote talen voornaamwoorden kennen, de 1e persoon, de 2e persoon en de 3e persoon, zoals ze worden genoemd? Het **1e-persoon**-perspectief verwijst naar 'de persoon die spreekt', met voornaamwoorden zoals *ik*, *mij*, *mijn* (in het enkelvoud) en *wij*, *ons*, *ons/onze* (in het meervoud). Het perspectief van de **2e persoon** verwijst naar 'de persoon tot wie wordt gesproken', met voornaamwoorden zoals *jij*, *jou* en *jouw*. Het perspectief van de **3e persoon** verwijst naar 'de persoon of het ding over wie of waarover wordt gesproken', zoals *hij*, *hem*, *zij*, *haar*, *hen* en *het*.

Als ik met jou over mijn nieuwe auto praat, ben 'ik' dus de 1e persoon, ben 'jij' de 2e persoon, en is de nieuwe auto (of 'hij') de 3e persoon. Als jij en ik praten en contact hebben, zullen we dit aanduiden door bijvoorbeeld het woord 'wij' te gebruiken, zoals in 'Wij begrijpen elkaar'. 'We' of 'wij' is formeel de 1e persoon meervoud, maar als jij en ik communiceren, zijn jouw 2e persoon en mijn 1e persoon onderdeel van dit buitengewone 'wij'. De 2e persoon wordt daarom soms aangeduid als 'jij/wij' of 'gij/wij', of soms gewoon als 'wij'. We kunnen de 1e, 2e en 3e persoon dan ook vereenvoudigen tot **ik**, **wij** en **het**.

Dit alles lijkt onbeduidend, niet? Misschien zelfs saai? Laten we dus het volgende proberen. Stel dat we in plaats van 'ik', 'wij' en 'het' het **Schone**, het **Goede** en het **Ware** zouden zeggen. En stel dat we zouden zeggen dat het Schone, het Goede en het Ware altijd dimensies zijn van je eigen wezen, met inbegrip van elk niveau van groei en ontwikkeling. En dat je door middel van integrale beoefening steeds diepere dimensies van je eigen Goedheid, je eigen Waarheid en je eigen Schoonheid kunt ontdekken. Hmm, dat is beslist interessanter. Het Schone, het Goede en het Ware zijn gewoon variaties op de 1e-, 2e- en 3e-persoon-voornaamwoorden die in alle grote talen voorkomen, en ze komen in alle grote talen voor omdat Schoonheid, Waarheid en Goedheid levensechte dimensies zijn van de werkelijkheid, waar taal zich aan heeft aangepast. De 3e persoon (of 'het') verwijst naar objectieve waarheid, die het beste te onderzoeken is door de wetenschap. De 2e persoon (of 'jij/wij') verwijst naar Goedheid, of de manieren waarop wij – jij en ik – elkaar bejegenen, en of we dat doen met fatsoen, eerlijkheid en respect. Met andere woorden: fundamentele moraal. En de 1e persoon betreft het 'ik', het zelf en zelfexpressie, kunst en esthetiek, en de Schoonheid die in het oog (of het 'ik') van de waarnemer schuilt.

De 'ik'-, 'wij'- en 'het'-dimensies van ervaring verwijzen dus eigenlijk naar **kunst**, **moraal** en **wetenschap**. Of **zelf**, **cultuur** en **natuur**. Of het **Schone**, het **Goede** en het **Ware**. (Om de een of andere reden verwijzen filosofen hier altijd naar in de volgorde: het Goede, het Ware en het

Schone. Aan welke volgorde geef jij de voorkeur? Elke volgorde is goed.)

Waar het om gaat is dat elke gebeurtenis in de manifeste wereld *alle drie deze dimensies bevat*. Je kunt naar elke gebeurtenis kijken uit het oogpunt van het 'ik' (of hoe ik welke gebeurtenis ook persoonlijk zie en wat ik ervan vind); uit het oogpunt van het 'wij' (hoe niet alleen ik de gebeurtenis zie, maar ook hoe anderen die zien); en als een 'het' (of de objectieve feiten van de gebeurtenis). Zo zal een integraal geïnspireerd pad rekening houden met al die dimensies, en daarom komen tot een meeromvattende en effectievere benadering – in het 'ik' en het 'wij' en het 'het', of in zelf en cultuur en natuur.

Als je wetenschap weglaat, of kunst weglaat, of moraal weglaat, zal er iets ontbreken, zal er iets mis gaan. Zelf en cultuur en natuur worden samen bevrijd of helemaal niet. Deze dimensies 'ik', 'wij' en 'het' zijn zo fundamenteel, dat we ze de vier kwadranten noemen en we ze tot grondslag maken van het integrale kader of IBS. (We komen tot 'vier' kwadranten door 'het' onder te verdelen in een enkelvoudig 'het' en een meervoudig 'zij'.) Enkele diagrammen zullen helpen om de voornaamste punten te verduidelijken. Figuur 5 is een schematische voorstelling van de vier kwadranten. Ze toont het **ik** (het *innerlijke* van het *individu*), het **het** (het *uiterlijke* van het *individu*), het **wij** (het *innerlijke* van het *collectief*) en het **het/zij** (het *uiterlijke* van het *collectief*). Met andere woorden: de vier kwadranten – die de vier fundamentele perspectieven zijn op elke gebeurtenis (of de vier fundamentele manieren om naar alles te kijken) – blijken betrekkelijk eenvoudig: ze zijn het **innerlijke** en het **uiterlijke** van het **individu** en het **collectief**.

Goedheid

Waarheid

Schoonheid

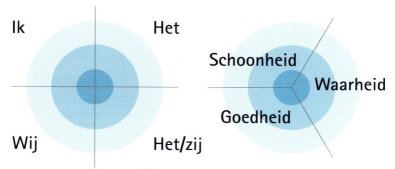

Figuur 5. *De kwadranten.*

Figuur 6 en 7 laten een aantal details van de vier kwadranten zien. (Enkele ervan zijn technische benamingen waar we ons het hoofd niet over hoeven te breken bij deze elementaire kennismaking; bekijk de diagrammen en vorm je een idee van de verschillende soorten zaken die je in elk van de kwadranten zou kunnen tegenkomen.)

In het **kwadrant linksboven** (het innerlijke van het individu) vind je je eigen onmiddellijke gedachten, gevoelens, gewaarwordingen enzovoort (allemaal beschreven in 1e-persoon-termen). Maar als je *van buitenaf* naar je individuele zijn kijkt, niet in termen van subjectief bewustzijn, maar in die van objectieve wetenschap, vind je neurotransmitters, een limbisch systeem, de hersenschors, complexe moleculaire structuren, cellen, orgaansystemen, DNA enzovoort – allemaal beschreven in objectieve termen van de 3e persoon ('het' en 'het/zij'). Het **kwadrant rechtsboven** is dus hoe elke *individuele* gebeurtenis er *van buitenaf* uit ziet. Dit

En nu: hoe passen ze allemaal bij elkaar?

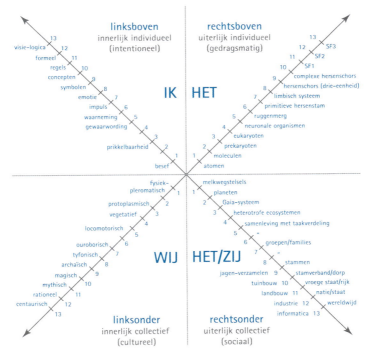

Figuur 6. *Enkele details van de kwadranten.*

houdt speciaal in het fysieke gedrag; de materiële componenten; de materie en energie; en het concrete lichaam – want dat zijn allemaal zaken die op de een of andere objectieve, **3e-persoon**- of 'het'-wijze aan te duiden zijn.

Integrale visie

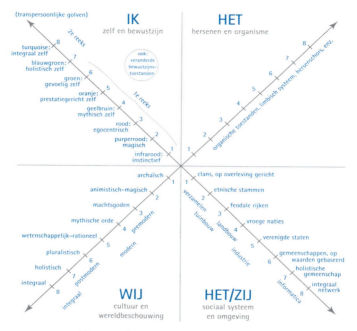

Figuur 7. *Op mensen gerichte kwadranten.*

Zo zie jij of ziet je organisme er van buitenaf uit, in een positie van objectief 'het', bestaande uit materie en energie en objecten; terwijl je aan de binnenkant geen neurotransmitters vindt maar gevoelens, geen limbische systemen maar intense verlangens, geen hersenschors maar innerlijke waarnemingen, geen materie-energie maar bewustzijn, alle beschreven in **1e-persoon**-onmiddellijkheid. Welke van die opvattingen is juist? Allebei, volgens de integrale benadering. Het zijn twee verschillende visies op hetzelfde gebeuren – jij. Het probleem begint wanneer je een van die perspectieven probeert te ontkennen of te verwerpen. Alle vier kwadranten moeten deel uitmaken van een integrale visie.

De verbindingen blijven. Neem er nota van dat elk 'ik' verbonden is met andere 'ikken', wat betekent dat elk 'ik' lid is van talrijke 'wij's. Deze 'wij's staan niet alleen voor *individueel* bewustzijn, maar ook voor *groepsbewustzijn* (of *collectief* bewustzijn), niet alleen voor subjectief, maar ook voor intersubjectief bewustzijn – of **cultuur** in de ruimste zin van het woord. Dit is weergegeven in het **kwadrant linksonder**. Op dezelfde wijze heeft elk 'wij' een innerlijk, of aanblik van buitenaf, en dat is het **kwadrant rechtsonder**. Het kwadrant linksonder wordt vaak de culturele dimensie (of het innerlijk bewustzijn van de groep – wereldbeschouwing, gedeelde waarden, enzovoort) genoemd, en dat rechtsonder de **maatschappelijke** dimensie (of uiterlijke vormen en gedrag van de groep, die worden bestudeerd door 3e-persoon-wetenschappen zoals de systeemtheorie).

Nogmaals, de kwadranten zijn eenvoudig het **innerlijk** en het **uiterlijk** van het **individu** en het **collectief**, en waar het om gaat is dat, als we zo integraal willen zijn als mogelijk is, alle vier kwadranten erbij moeten worden betrokken.

Integrale visie

Een rondreis door de kwadranten

We zijn nu op het punt waar we een begin kunnen maken met het samenvoegen van alle integrale onderdelen: kwadranten, niveaus, lijnen, toestanden en typen. Laten we dus een rondreis door de kwadranten maken, waarbij we alle vijf elementen tot een integraal geheel verbinden. En laten we beginnen met **niveaus** of **stadia**.

Alle vier kwadranten laten groei, ontwikkeling of evolutie zien. Dat wil zeggen: ze tonen allemaal bepaalde stadia of niveaus van ontwikkeling, niet als de rigide sporten van een ladder, maar in de vorm van beweeglijke en stromende golven van ontplooiing. Dit gebeurt overal in de we-

reld van de natuur, zoals een eik zich via stadia van groei en ontwikkeling ontplooit vanuit een eikel, of een Siberische tijger, in volmaakt gevormde stadia van groei en ontwikkeling, van een bevruchte eicel uitgroeit tot een volwassen organisme.

Hetzelfde gebeurt op bepaalde belangrijke manieren met mensen. We hebben al verscheidene van deze stadia gezien zoals ze van toepassing zijn op mensen. In het vlak linksboven of 'ik' ontvouwt het zelf zich bijvoorbeeld van egocentrisch tot etnocentrisch tot wereldcentrisch, of van *lichaam* tot *intellect* tot *geest*. In het vlak rechtsboven breidt gevoelde energie zich fenomenologisch uit van *grof* tot *subtiel* tot *causaal*. Linksonder breidt het 'wij' zich uit van *egocentrisch* ('ik') tot *etnocentrisch* ('wij') tot *wereldcentrisch* ('wij allemaal'). Deze expansie van groepsbewustzijn maakt het mogelijk dat sociale systemen – in het kwadrant rechtsonder – zich uitbreiden van eenvoudige groepen tot complexere systemen zoals naties en uiteindelijk zelfs tot mondiale systemen. Deze drie eenvoudige stadia in elk van de kwadranten zijn weergegeven in afbeelding 8 (blz. 76).

Laten we van **niveaus** overstappen op **lijnen**. Ontwikkelingslijnen of –stromen komen in alle vier kwadranten voor, maar omdat we ons nu concentreren op persoonlijke ontwikkeling, zullen we bekijken hoe sommige van deze lijnen eruitzien in het kwadrant linksboven. Zoals we zagen zijn er meer dan een dozijn verschillende vormen van intelligentie of ontwikkelingslijnen. Enkele van de belangrijkste zijn:

- de **cognitieve** lijn (of bewustzijn van wat is)
- de **morele** lijn (bewustzijn van wat zou moeten zijn)

Integrale visie

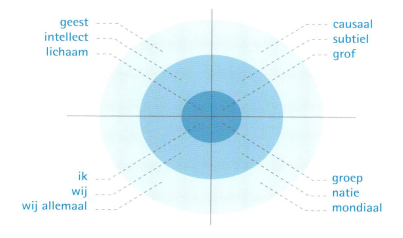

Figuur 8. *AKWAN*.

- de **emotionele** of **affectieve** lijn (het volledige spectrum van emoties)

- de **intermenselijke** lijn (hoe ik sociaal met anderen omga)

- de **behoefte**lijn (bijvoorbeeld Maslows behoeftenhiërarchie)

- de **zelf-identiteit**lijn (of 'wie ben ik?', bijvoorbeeld Loevingers ego-ontwikkeling)

- de **esthetische** lijn (of de lijn van zelfexpressie, schoonheid, kunst en gevoelde betekenis)
- de **psychoseksuele** lijn, die in zijn ruimste zin duidt op het hele spectrum van eros (van grof tot subtiel tot causaal)
- de **spirituele** lijn (waarbij 'geest' niet alleen als Grond wordt beschouwd, en niet alleen als het hoogste stadium, maar ook als zijn eigen lijn van ontplooiing)
- de **waarde**lijn (of wat iemand het belangrijkst vindt, een lijn die is bestudeerd door Clare Graves en populair is geworden door de spiraaldynamiek)

Al die ontwikkelingslijnen of -stromen kunnen zich door de basisniveaus of -stadia heen ontvouwen. Ze kunnen allemaal worden opgenomen in het psychogram. Als we kaarten gebruiken zoals die van Robert Kegan, Jane Loevinger of Clare Graves, zouden we vijf, acht of zelfs meer niveaus of golven van ontwikkeling hebben die ons in staat zouden stellen de natuurlijke ontplooiing van ontwikkelingslijnen of -stromen te volgen. Het gaat er opnieuw niet om welke lijn al dan niet de goede is; het gaat erom hoeveel 'gegranuleerdheid' of 'complexiteit' je nodig hebt om een gegeven situatie adequater te begrijpen.

We hebben al een diagram van een psychogram laten zien (fig. 1). Figuur 9 is een tweede, afkomstig van een presentatie over integraal leiderschap aan de economische faculteit van de Notre Dame University in de VS, waarin het AKWAN-model werd gebruikt.

En nu: hoe passen ze allemaal bij elkaar?

Figuur 9. *Een andere versie van het psychogram.*

Zoals opgemerkt bevatten alle kwadranten ontwikkelingslijnen. We concentreerden ons zojuist op die in het kwadrant linksboven. In het kwadrant rechtsboven is, wanneer het om mensen gaat, een van de belangrijkste lijnen de lichamelijke materie-energielijn die, zoals we hebben gezien, van grove energie naar subtiele energie naar causale energie loopt. Als ontwikkelingsproces duidt die op het blijvend verwerven van het vermogen om deze energetische componenten van je wezen bewust meester te worden (anders verschijnen ze alleen als tijdelijke toestanden). Het kwadrant rechtsboven verwijst ook naar alle uiterlijk **gedrag**, handelingen en bewegingen van mijn objectieve lichaam (grof, subtiel of causaal).

In het kwadrant linksonder ontvouwt de culturele ontwikkeling zelf zich vaak in golven, zich bewegend, zoals het grensverleggende genie Jean Gebser het noemde, van *archaïsch* naar *magisch* naar *mythisch* naar *mentaal* naar *integraal* en hoger. In het kwadrant rechtsonder onderzoekt de systeemtheorie de collectieve sociale systemen die evolueren (en die, bij mensen, stadia omvatten als het *jagen-verzamelen-* tot het *landbouw-* tot het *industrie-* tot het *informatica*systeem). In figuur 8 vereenvoudigden we dit tot 'groep, natie en mondiaal', maar het globale idee is eenvoudig dat van zich ontplooiende niveaus van grotere sociale complexiteit die deel gaan uitmaken van grotere systemen.

Nogmaals, voor dit eenvoudige overzicht zijn bijzonderheden niet zo belangrijk als een algemeen begrip van het zich ontvouwende of ontluikende karakter van alle vier kwadranten, dat zich uitbreidende sferen van bewustzijn, zorg, cultuur en natuur kan behelzen. Kortom: het 'ik' en het 'wij' en het 'het' kunnen evolueren. Zelf en cultuur en natuur kunnen zich ontwikkelen en evolueren, in een vrijwel oneindig aantal golven en stromen, van atomen tot supernova's, van cellen tot Gaia, van stof tot Goddelijkheid. Diagrammen kunnen, als we hun beperkingen begrijpen, hier vaak helpen, en we hebben het wellicht eenvoudigste diagram van AKWAN (of IBS) al gezien, namelijk figuur 8, dat alleen kwadranten en niveaus weergeeft. Figuur 10 is een iets vollediger versie van afbeelding 8 en toont kwadranten, niveaus en lijnen. (Figuur 10 is overigens gebaseerd op een diagram dat Unicef gebruikt om wereldwijde patronen van honger onder kinderen te analyseren.)

En nu: hoe passen ze allemaal bij elkaar?

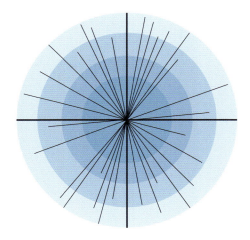

Figuur 10. *Kwadranten, niveaus en lijnen.*

Figuur 11 is een variant van de Unicef-mandala waarin de 'lijnen' als 'spiralen' zijn weergegeven, wat op het spiraalkarakter van veel ontwikkelingslijnen wijst. Maar hoe ze ook worden weergegeven – als lijnen, spiralen of stromen – in alle vier kwadranten zijn ze in overvloed aanwezig. Als je deze eenvoudige diagrammen globaal begrijpt, is de rest betrekkelijk gemakkelijk, en kunnen we nu snel afronden met de overige componenten. **Toestanden** (van de toestand van het weer tot bewustzijnstoestanden) komen in alle kwadranten voor. We concentreerden ons op **bewustzijnstoestanden** (waken, dromen, slapen) in het kwadrant linksboven, en op **energietoestanden** (grof, subtiel, causaal) in het kwa-

Integrale visie

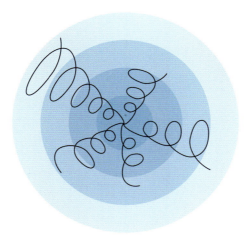

Figuur 11. *Spiralende stromen en golven.*

drant rechtsboven. Als zulke toestanden blijvende verworvenheden worden, zijn het natuurlijk stadia geworden, en zijn het geen toestanden meer.

In alle kwadranten komen ook **typen** voor, maar we concentreerden ons op *mannelijke* en *vrouwelijke* typen zoals die zich in individuen voordoen. Het mannelijk principe wordt meer vereenzelvigd met macht en het vrouwelijk meer met gemeenschap, maar waar het om gaat is dat elke persoon deze componenten allebei in zich heeft. Tot besluit kennen alle bestaande stadia, zoals we hebben gezien, een **ongezond type** mannelijk en vrouwelijk – zieke jongen en ziek meisje in alle golven.

Lijkt ingewikkeld? In zekere zin is het dat ook. Anderszins kan de buitengewone complexiteit van mensen en hun verhouding tot het universum enorm worden vereenvoudigd wanneer men voeling krijgt met de **kwadranten** (het feit dat elke gebeurtenis als een 'ik', 'wij' of 'het' kan worden beschouwd); met **ontwikkelingslijnen** (of diverse vormen van intelligentie), die zich allemaal door **ontwikkelingsniveaus** (van lichaam naar intellect naar geest) heen bewegen; met **toestanden** en **typen** op elk van die niveaus.

Dat **integrale model** - 'alle kwadranten, alle niveaus, alle lijnen, alle toestanden, alle typen' – is het eenvoudigste model dat alle werkelijk essentiële zaken aankan. We verkorten dat alles soms tot gewoon 'alle kwadranten, alle niveaus' – of **AKWAN** – waarbij de kwadranten bijvoorbeeld zelf, cultuur en natuur zijn, en de niveaus lichaam, intellect en geest, en we zeggen dus dat de integrale benadering **cultivering van lichaam, intellect en geest in zelf, cultuur en natuur** inhoudt.

Laten we deze 'Inleiding tot de IBS-grondbeginselen', zoals het zou kunnen worden genoemd, dus besluiten door een paar korte voorbeelden te geven van de applicaties, of **apps**, ervan in geneeskunde, bedrijfsleven, spiritualiteit, ecologie en je individuele leven. Dan zal, naar ik hoop, het integrale model echt tot leven beginnen te komen voor je.

Hoofdstuk

4

Zo werkt het: IBS-apps

De integrale theorie is misschien de eerste echt allesomvattende

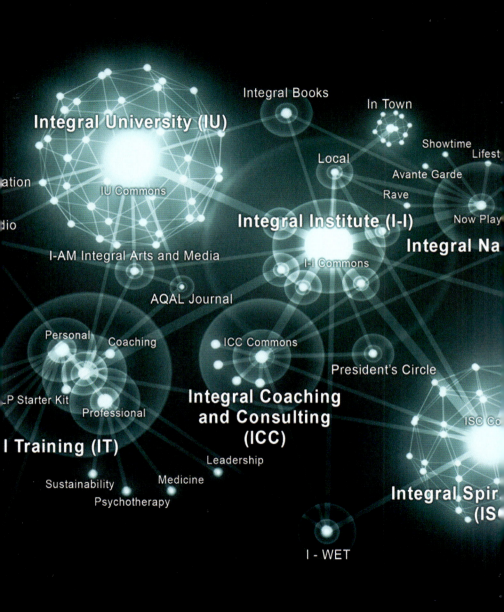

Overal ter wereld passen duizenden mensen de integrale visie toe op tientallen verschillende terreinen, van kunst tot ecologie, van geneeskunde tot criminologie, van bedrijfsleven tot persoonlijke transformatie. Omdat een integraal kader beslist meer waarheid, en meer potentieel, aanwendt en omvat dan enige andere benadering, maakt het ieders werk op elk gebied drastisch doeltreffender en bevredigender.

Integrale visie

Integrale geneeskunde

Nergens is het integrale model directer toepasbaar dan in de geneeskunde, en het wordt overal ter wereld door mensen die werkzaam zijn in de gezondheidszorg steeds meer gebruikt. Een snelle excursie door de kwadranten zal duidelijk maken waarom het integrale model behulpzaam kan zijn. (Zie figuur 12, blz. 95.)

De orthodoxe of conventionele geneeskunde is een klassieke benadering vanuit het **kwadrant rechtsboven**. Ze houdt zich vrijwel alleen met het fysieke organisme bezig middels fysieke ingrepen: operaties, medicatie en gedragsverandering. De orthodoxe geneeskunde gelooft in wezen in fysieke oorzaken van fysieke ziekte, en schrijft daarom voornamelijk fysieke ingrepen voor. Het integrale model beweert echter dat elke fysieke gebeurtenis (RB) minstens vier dimensies (de kwadranten) heeft, en dat zelfs lichamelijke ziekte dan ook moet worden bekeken vanuit alle vier kwadranten (om niet te spreken van niveaus, die we later zullen behandelen). Het integrale model beweert niet dat het kwadrant rechtsboven niet belangrijk is, alleen dat het als het ware maar een kwart van het verhaal is.

De recente explosieve toename van belangstelling voor alternatieve zorg – om niet te spreken van vakgebieden zoals psychoneuro-immunologie – heeft volkomen duidelijk gemaakt dat iemands *innerlijke toestanden* (zijn of haar emoties, psychische instelling, beelden en bedoelingen) een kritieke rol spelen in zowel de oorzaak als de *genezing* van zelfs lichamelijke ziekte. Met andere woorden: het **kwadrant linksboven** is een

IBS-apps CASE STUDY #1:
integrale geneeskunde

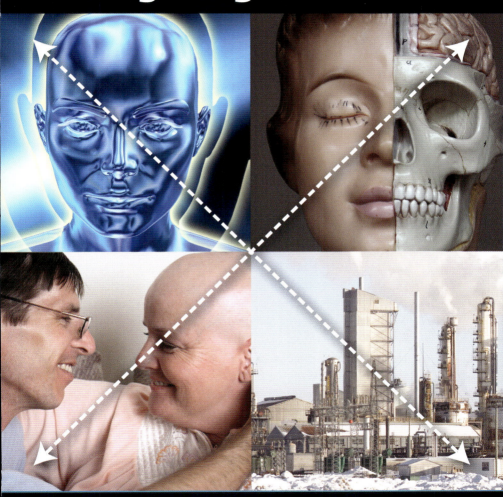

Factoren in alle vier kwadranten zijn van invloed op de oorzaak/genezing van een ziekte

hoofdingrediënt van elke veelomvattende vorm van medische zorg. Van visualisatie, affirmatie of bevestiging, en bewust gebruik van beelden is empirisch aangetoond dat ze een significante rol spelen bij de behandeling van de meeste ziekten, en het is gebleken dat resultaten afhangen van gemoedstoestanden en denkwijze.

Maar hoe belangrijk die subjectieve factoren ook zijn, individueel bewustzijn bestaat niet in een vacuüm; het bestaat onontwarbaar ingebed in gedeelde culturele waarden, overtuigingen en wereldbeschouwingen. Hoe een cultuur (LO) een bepaalde ziekte beschouwt – met zorg en mededogen of met spot en hoon – kan een diepgaande invloed hebben op de manier waarop een individu die ziekte het hoofd biedt (LB), wat rechtstreeks effect kan hebben op het verloop van de lichamelijke ziekte zelf (RB). Het **kwadrant linksonder** bevat heel dat enorme aantal *intersubjectieve* factoren die essentieel zijn in elke menselijke wisselwerking – zoals de onderlinge communicatie tussen arts en patiënt; de houding van familie en vrienden en hoe die kenbaar wordt gemaakt aan de patient; de culturele acceptatie (of geringschatting) van een bepaalde ziekte (bijv. aids); en de diepste waarden van de cultuur die door de ziekte zelf worden bedreigd. Al die factoren zijn in zekere mate oorzakelijk betrokken bij elke lichamelijke ziekte en genezing (eenvoudig omdat *elke* gebeurtenis vier kwadranten omvat).

Natuurlijk moet dit kwadrant in de praktijk worden beperkt tot factoren waarmee men zich doeltreffend kan bezighouden – zoals bijvoorbeeld onderlinge communicatieve vaardigheden van arts en patient, ondersteuning door familie en vrienden, en globaal inzicht in culturele oordelen en het effect ervan op ziekte. Studies wijzen bijvoor-

Zo werkt het: IBS-apps

Figuur 12. *Vier kwadranten van integrale geneeskunde.*

beeld consequent uit dat kankerpatiënten in praatgroepen langer leven dan zij die het zonder dergelijke culturele ondersteuning moeten stellen. Enkele van de relevantere factoren uit het kwadrant linksonder zijn daarom essentieel in elke vorm van veelomvattende medische zorg.

Het **kwadrant rechtsonder** betreft al die materiële, economische en sociale factoren die vrijwel nooit worden meegewogen als deel van de ziekte-entiteit, maar die in werkelijkheid – zoals elk ander kwadrant – mede *oorzaak zijn* van zowel ziekte als genezing. Een sociaal systeem dat niet voor voedsel kan zorgen, kost je het leven (zoals door hongersnood geteisterde landen ons helaas dagelijks duidelijk maken). In de werkelijke wereld, waar elke entiteit alle vier kwadranten omvat, zou een virus in kwadrant RB het brandpunt kunnen zijn, maar zonder een sociaal systeem (RO) dat voor behandeling kan zorgen, zul je sterven. Dit is geen apart punt; het staat juist centraal omdat alle gebeurtenissen vier kwadranten hebben. Het kwadrant rechtsonder omvat factoren zoals economie, verzekering, systemen van sociale voorzieningen, en zelfs simpele dingen zoals hoe een ziekenhuiskamer materieel is ingericht (kan men zich er gemakkelijk bewegen, toegankelijkheid voor bezoekers, enzovoort?) – om niet te spreken van toxische stoffen in het milieu. De voorafgaande punten verwijzen naar het 'alle-kwadranten'-aspect van de oorzaak en behandeling van ziekte. Het 'alle-niveaus'-element verwijst naar het feit dat individuen – op zijn minst – een fysiek, emotioneel, mentaal en spiritueel *niveau* hebben in elk van die kwadranten (zie fig. 8). Sommige ziekten hebben in hoofdzaak lichamelijke oorzaken en worden fysiek genezen (aangereden worden door een bus, je been breken). Maar de meeste ziekten kennen oorzaken en remedies die ook een *emotionele*, *mentale* en *spirituele* component hebben. Letterlijk honderden onderzoekers overal ter wereld hebben onmetelijk veel bijgedragen aan ons inzicht in het 'gelaagde' karakter van ziekte en genezing (met onder meer onschatbare aanvullingen uit de grote wijsheidstradities, van de sjamanistische tot de Tibetaans-boeddhistische). Waar het om gaat is eenvoudig dat door toevoeging van deze niveaus aan de kwadranten zich een veel omvattender – en doeltreffender – medisch model begint af te tekenen.

Kortom: een echt effectief en veelomvattend behandelplan zou alle kwadranten, alle niveaus omvatten: het idee is eenvoudig dat elk kwadrant of elke dimensie (fig. 5, blz. 70) – ik, wij en het – een fysiek, emotioneel, mentaal en spiritueel niveau, of fysieke, emotionele, mentale en spirituele golf, heeft (fig. 8, blz. 76), en een echt integrale behandeling deze werkelijkheden allemaal in aanmerking zou nemen. Dit type integrale behandeling is niet alleen *doeltreffender*, het is juist daarom ook *rendabeler*, wat de reden is waarom zelfs de bedrijfsgeneeskunde er veel aandacht aan schenkt.

(Kijk op Integral Medicine Center, www.IntegralUniversity.org, als je meer belangstelling hebt voor deze benadering.)

Integraal bedrijfsleven

Toepassingen van het integrale model in het bedrijfsleven en op het gebied van leiderschap hebben de laatste tijd een hoge vlucht genomen, omdat de toepassingen zo onmiddellijk bruikbaar en voor de hand liggend zijn. De kwadranten (fig. 13, blz. 98) geven de vier 'omgevingen' of 'markten' weer waarin een product moet overleven, en de niveaus geven de typen waarden weer die het product zowel zullen voortbrengen als verkoopbaar zullen maken. Onderzoek naar de hiërarchie van waarden – zoals dat van Maslow en Graves (bijv. de spiraaldynamiek), dat al een enorme invloed heeft gehad op het bedrijfsleven – kan worden gecombineerd met de kwadranten (die laten zien dat deze waardenniveaus in de vier verschillende omgevingen voorkomen) – en zo voorzien in een wer-

Figuur 13. *Vier kwadranten van integraal bedrijfsleven.*

kelijk allesomvattende kaart van de markt (die zowel traditionele markten als cybermarkten omvat).

Bovendien zijn ook trainingsprogramma's in integraal leiderschap, gebaseerd op een integraal model of AKWAN-model, gaan gedijen. Er zijn op dit moment vier hoofdtheorieën over bedrijfsleiding (theorie X, die de nadruk legt op individueel gedrag; theorie Y, die gericht is op psychologisch inzicht; cultureel management, dat de nadruk legt op bedrijfscultuur; en systeemmanagement, dat de nadruk legt op het sociale systeem en het besturen ervan). Die vier managementtheorieën zijn in feite de vier kwadranten, en een integrale benadering zou noodzakelijkerwijs alle

IBS-apps CASE STUDY #2:
integraal bedrijfsleven

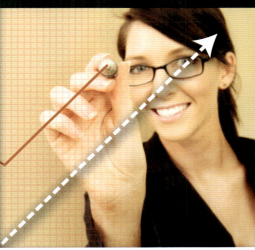

vier benaderingen behelzen. Voeg er niveaus en lijnen aan toe en er ontstaat een ongelooflijk rijk en verfijnd leiderschapsmodel, dat verreweg het meest veelomvattende is dat momenteel beschikbaar is.

(Kijk op www.IntegralUniversity.org van het Integral Leadership and Business Center als je meer wilt weten over deze benadering.)

Integrale ecologie

Verscheidene medewerkers van het Integral Institute hebben de weg reeds bereid voor integrale ecologie of AKWAN-ecologie, en deze belooft een omwenteling teweeg te brengen in zowel de manier waarop we denken over milieuvraagstukken, als de manier waarop we ze pragmatisch aanpakken en oplossen.

Het basisidee is eenvoudig: elke minder dan integrale of allesomvattende benadering van milieuvraagstukken is gedoemd te mislukken. Zowel de innerlijke (of linkse) als de uiterlijke (of rechtse) kwadranten moeten in aanmerking worden genomen. **Uiterlijke** duurzaamheid van het milieu is duidelijk nodig; maar zonder groei en ontwikkeling in de **innerlijke** domeinen naar wereldcentrische niveaus van waarden en bewustzijn, blijft het milieu ernstig gevaar lopen. Zij die zich alleen op uiterlijke oplossingen richten, verergeren het probleem. Zelf, cultuur en natuur moeten samen worden bevrijd of worden in het geheel niet bevrijd. Hoe dit te doen is het brandpunt van integrale ecologie.

(Als je belangstelt in een integralere benadering van ecologie, milieu en duurzaamheid, gelieve je bij ons, het Integral Ecology Center, aan te sluiten op www.IntegralUniversity.org.)

Relationele en maatschappelijk betrokken spiritualiteit

De voornaamste implicatie van een AKWAN-benadering van spiritualiteit is dat het fysieke, het emotionele, het mentale en het spirituele niveau van zijn tegelijk dienen te worden beoefend in zelf, cultuur en natuur (d.w.z. in het 'ik'-, het 'wij'- en het 'het'-domein). Dit thema kent veel variaties, van maatschappelijk betrokken spiritualiteit tot relaties als spiritueel pad, en al die belangrijke bijdragen nemen we op in de integraal-levenpraktijk (zie hoofdstuk 6). De implicaties van integrale spiritualiteit zijn diepgaand en verstrekkend, en we staan nog maar aan het begin van haar invloed.

Voordat we ten volle kunnen begrijpen wat 'integrale spiritualiteit' betekent, moeten we echter de betekenis van 'spiritualiteit' zelf begrijpen. En hier stuiten we op een kluwen van problemen. De integrale benadering beweert evenwel al die problemen te hebben doorgrond. Is dat zo?

Zullen we dat eens gaan bekijken?

Hoofdstuk 5

Ben jij dit: 'spiritueel maar niet religieus'?

Hoe komt het dat religie zo'n complexe, verwarrende en polariserende kracht is in de wereld?

Hoe kan iets wat enerzijds zoveel liefde en leven leert, anderzijds toch de oorzaak zijn van zoveel dood en vernietiging?

Met gemakkelijke antwoorden kom je er hier niet. Dit is misschien wel het meest serieuze vraagstuk waarmee wie dan ook – of de wereld zelf trouwens – ooit zal worden geconfronteerd. Van de integrale benadering is bekend dat ze 'uit alles wijs kan worden'. Kan ze ons helpen hier wijs uit te worden? Beslist. Maar ik waarschuw je alvast dat het lastig zal zijn, omdat wat mensen 'spiritualiteit' noemen minstens vijf heel verschillende betekenissen heeft, die op diverse manieren naar kwadranten, niveaus, lijnen, toestanden en typen verwijzen. Als je dit in aanmerking neemt – als je een AKWAN-standpunt inneemt – is er echter plaats voor vrijwel alle verschillende benaderingen van dit onderwerp, en begin je het hele vraagstuk te doorzien. Zo niet, dan zul je het hele thema spiritualiteit nauwelijks kunnen doorgronden. Voeg alles echter samen en je begint het inderdaad allemaal te begrijpen. Zullen we het eens proberen?

Integrale visie

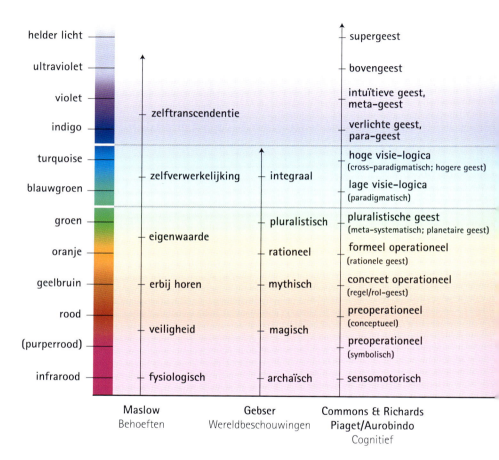

Figuur 14. *Enkele belangrijke ontwikkelingslijnen.*

Ben jij dit: 'spiritueel maar niet religieus'?

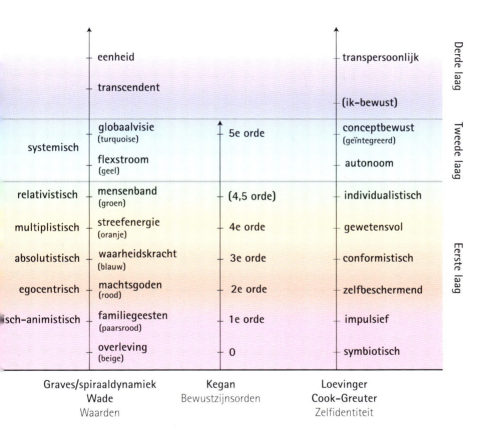

Integrale visie

Regenbooggolven en glinsterende stromen

Laten we beginnen met het kwadrant linksboven, of het innerlijk van een individu, en eens beter kijken naar dit fascinerende verschijnsel van diverse intelligenties (of ontwikkelingslijnen). We hebben reeds gezien dat ieder van ons beschikt over minstens een dozijn hoofdontwikkelingslijnen, waaronder behoeften, waarden, cognitie, moraal en zelf. Ze zijn elk door talrijke ontwikkelingsdeskundigen onderzocht. Figuur 14 is een psychogram dat de bevindingen van enkelen van de bekendsten en meest gerespecteerden onder deze onderzoekers samenvat.

Om te beginnen merk je misschien op dat de niveaus of golven van bewustzijn zijn weergegeven met kleuren van de regenboog. Dit is een algemeen gebruik in de wijsheidstradities, en het maakt het ons mogelijk niveaus op een zeer algemene en, wel, kleurrijke manier te bespreken. De regenboog vertegenwoordigt gewoon de verticale **hoogte** – of de mate van ontwikkeling (de mate van bewustzijn of complexiteit) van een lijn. Hij stelt ons ook in staat gemakkelijk de variërende niveaus in tal van verschillende ontwikkelingslijnen te vergelijken, door te kijken welke zich op dezelfde regenbooghoogte bevinden. Dat is bijvoorbeeld te zien in figuur 14. (Maak je geen zorgen over enkele van de tussenkleuren, zoals geelbruin of blauwgroen – ze zijn gekozen omdat ze aansluiten bij verscheidene modellen die eveneens kleuren gebruiken. De grondgedachte is zoiets simpels als een regenboog van kleuren die een spectrum van bewustzijn vertegenwoordigt.)

Uiterst links in het diagram vind je een van de bekendste ontwikke-

Ben jij dit: 'spiritueel maar niet religieus'?

lingslijnen, die van Maslows hiërarchie van behoeften, die inhoudt ...

Misschien zouden we hier moeten stoppen en ons eerst bezig moeten houden met de enorme misvattingen rond het woord 'hiërarchie'. Voor heel veel mensen is dit een erg vies woord geworden, en dat om begrijpelijke redenen. Er bestaan echter minstens twee zeer verschillende vormen van hiërarchie, door onderzoekers onderdrukkende hiërarchieën (of *dominator*-hiërarchieën) en groeihiërarchieën (of verwerkelijkingshiërarchieën) genoemd. Een *dominator-hiërarchie* is precies wat het woord zegt, een classificatiesysteem dat mensen overheerst, uitbuit en onderdrukt. Het beruchtst zijn de kastenstelsels in Oost en West. Elke hiërarchie is een dominator-hiërarchie als ze individuele of collectieve groei ondermijnt.

Verwerkelijkingshiërarchieën, anderzijds, zijn het feitelijke middel dat groei mogelijk maakt. Verre van onderdrukking te veroorzaken zijn ze de manier waarop je er een einde aan maakt. Groei- of ontwikkelingshiërarchieën bewegen zich bij mensen vanouds van de egocentrische naar de etnocentrische naar de wereldcentrische naar de kosmocentrische* golf. In de natuurlijke wereld komen groeihiërarchieën overal voor, met als meest voorkomende de ontwikkeling van atomen tot moleculen tot cellen tot organismen. Groeihiërarchieën zijn altijd elkaar insluitende hiërarchieën, wat betekent dat elk hoger niveau zijn voorgangers *overtreft* en *omvat*. Organismen overtreffen en omvatten cellen, die moleculen overtreffen en omvatten, die atomen overtreffen en omvatten, die quarks overtreffen en omvatten, enzovoort.

---

* *Kosmocentrisch* betekent *op de derde laag gericht*. Het is afgeleid van het mooie Griekse woord *kosmos*, dat het *totale* universum van materie, lichaam, intellect en geest betekent (en niet alleen zijn deerniswekkende laagste niveau, de materie, wat 'kosmos' helaas is gaan betekenen).

In een groeihiërarchie onderdrukken hogere niveaus lagere niveaus niet, ze omstrengelen ze! Ze nemen ze letterlijk op, ze omhullen ze! Elk niveau in een groeihiërarchie neemt inderdaad een plaats in een 'hogerarchie' ('higher-archy') in, omdat het een *verhoging* van de capaciteit voor zorg, bewustzijn, cognitie, moraal enzovoort vertegenwoordigt. Groei is een *ontwikkeling* die *omwikkeling* is – van egocentrisch tot etnocentrisch tot wereldcentrisch tot kosmocentrisch. De hiërarchieën die zijn weergegeven in figuur 14 zijn alle groeihiërarchieën, of verschillende stromen die door golven van toenemende omstrengeling heen vloeien.

Kortom: dominator-hiërarchieën roepen onderdrukking op, groeihiërarchieën maken er een einde aan. (Begrijp je waarom het zo rampzalig is wanneer *alle* hiërarchieën worden veroordeeld?)

Laten we dus terugkomen op Maslows hiërarchie van behoeften (fig. 15). Abraham Maslows uiterst zorgvuldige onderzoek wees uit dat individuen gewoonlijk een groeiproces van behoeften doorlopen. Wanneer in iedere behoefte is voorzien, of iedere behoefte is bevredigd, ontstaat er doorgaans een hogere behoefte. *Fysiologische behoeften* zijn de eenvoudigste – behoeften aan voedsel, onderdak, en primaire biologische vereisten. Als in die behoeften is voorzien, begint een individueel zelfbesef, met de bijbehorende *behoeften aan zelfbescherming en veiligheid*, op te komen. Als die zijn bevredigd, streeft het individu niet alleen naar veiligheid, maar ook naar *zich thuis voelen*. Zodra een gevoel van veiligheid is gewaarborgd, worden individuen gewoonlijk gemotiveerd door de dan opkomende *behoeften aan eigenwaarde*. Als die zijn bevredigd, beginnen nog hogere behoeften van het zelf aan de dag te treden, die Maslow *behoeften aan zelfverwerkelijking* noemde. En als die zijn bevredigd, worden

Ben jij dit: 'spiritueel maar niet religieus'?

Figuur 15. *Maslows hiërarchie van behoeften (holarchie).*

individuen doorgaans gemotiveerd door *behoeften aan zelftranscendentie*, of de behoeften om niet alleen het zelf te bevredigen maar er ook volledig bovenuit te stijgen naar hogere, diepere en wijdere cirkels en golven van zorg en bewustzijn, waarvan sommige er bepaald transpersoonlijk of spiritueel uit beginnen te zien.

Het beroemdste van alle ontwikkelingsprocessen is waarschijnlijk dat van Jean Gebser, dat loopt van **archaïsch** naar **magisch** naar **mythisch** naar **rationeel** naar **pluralistisch** naar **integraal**. Wat zo geweldig is aan Gebsers stadia is dat ze vrijwel precies betekenen wat ze lijken te betekenen. (Ik heb zijn hoogste stadium in tweeën verdeeld, wat daarbij helpt.) En zoals Gebser zelf aangaf is zijn 'integrale stadium' in feite alleen de inleiding tot hogere (of 'superintegrale' en transpersoonlijke) stadia.

We kunnen dit in het bijzonder zien als we kijken naar de ontwikkelingsstroom **cognitie**, de capaciteit voor bewustzijn en perspectieven. De cognitieve lijn in figuur 14 is een combinatie van het belangrijke onderzoek van Michael Commons & Francis Richards, Jean Piaget en Sri Aurobindo, en geeft aan dat cognitie zich ontplooit van de **zintuiglijke geest** tot de **concrete geest** tot de **formele geest** tot de **hogere geest** tot de **verlichte geest** tot de **intuïtieve geest** tot de **bovengeest** en **supergeest**. Neem er opnieuw nota van dat de allerhoogste stadia er transpersoonlijk of spiritueel uit beginnen te zien.

Vervolgens kunnen we kijken naar het werk van Clare Graves, op het gebied van wat hij **waardesystemen** noemde, en de popularisatie ervan in een model dat de spiraaldynamiek (gecreëerd door Don Beck en Christopher Cowan) wordt genoemd. In het *magisch-animistische* stadium zijn waarden inderdaad 'magisch' en 'animistisch', met natuurkrachten die de wereld op magische wijze beheersen. In het *egocentrische* stadium is de zucht naar macht het belangrijkst; de waarden die men heeft zijn die welke gericht zijn op 'ik' en 'mijn macht'. Bij *absolutistische waarden* gaan waarden van 'ik' over op 'wij', of van egocentrisch op etnocentrisch, en gelooft men dat ze zijn geschonken door een uiterlijke bron die op absolute en rigide wijze voor iedereen geldt (of het nu de Bijbel, de Koran of Mao's rode boekje betreft); schending ervan zal resulteren in wereldlijke en mogelijk eeuwige verdoemenis. Dit wordt vaak aangeduid als 'mythisch lidmaatschap', omdat je, als je de etnocentrische mythen niet gelooft, diep in de problemen zit.

Wanneer ontwikkeling van mythisch conformistisch naar het vol-

Ben jij dit: 'spiritueel maar niet religieus'?

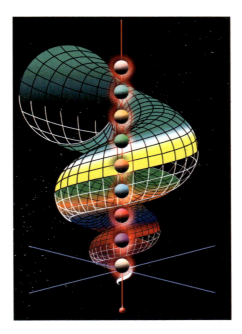

Een kunstzinnige voorstelling van de spiraaldynamiek en haar voornaamste niveaus van waardenontwikkeling. (Kunstenaars: Ben Wright en Ken Wilber)

gende stadium gaat, beginnen iemands waarden over te gaan van etnocentrisch op wereldcentrisch, wat Graves de verandering noemde van absolutistisch naar *multiplistisch*, dat wil zeggen dat er diverse manieren zijn om de werkelijkheid te beschouwen, niet slechts één onwrikbaar correcte manier. Dit resulteert in een overschakeling van **traditionele waarden** op **moderne waarden**. Deze differentiatie zet zich voort in het volgende stadium, dat Graves *relativistisch* noemde, omdat er niet alleen sprake is van een massa verschillende overtuigingen, maar ze ook allemaal relatief zijn, wat leidt tot een typische *postmoderne* en *pluralistische* wereldbeschouwing. Deze opvatting is in feite zo pluralistisch, dat ze uiteindelijk volledig versnipperd en vervreemd raakt, ondergedompeld raakt in nihilisme, ironie en zinloosheid (klinkt bekend?). Pas in het volgende stadium, het *systemische*, kan ten slotte een echt geïntegreerde en samenhangende wereldbeschouwing beginnen te ontstaan, wat de aanvang mogelijk maakt van wat een socioloog het **integrale tijdperk** noemde. Clare Graves noemde het de overschakeling van eerste-laag-waarden (gekenmerkt door hun partijdigheid) op tweede-laag-waarden (gekenmerkt door hun geïntegreerde karakter).

Clare Graves was een van de onderzoekers die als eersten het ongelooflijk belangrijke verschil tussen de **eerste laag** en de **tweede laag** van ontwikkeling ontdekten. Wat is dit buitengewone verschil? In de eerste laag zijn alle stadia er vast van overtuigd dat hun waarden de enige ware en juiste waarden zijn; die van anderen, wie dan ook, raken kant noch wal. Maar te beginnen bij de sprong naar de tweede laag – of het begin van de echt integrale niveaus – begrijpt men dat de andere waarden en stadia allemaal op hun eigen manier juist zijn, of bij hun eigen niveau passen. De tweede laag maakt ruimte voor alle andere waarden, en begint ze allemaal bijeen te brengen en te integreren in grotere tapisserieën van zorg en inclusiviteit.

In veel opzichten is dit hetzelfde als wat Abe Maslow eerder ontdekte in de sprong van de **gebreksbehoeften** (gebrek en schaarste) naar de **zijnsbehoeften** (zelfverwerkelijking en zelftranscendentie), en in feite probeerde Graves deze bevinding van Maslow te begrijpen. De ontwikkelingssprong van eerste laag naar tweede laag is een sprong van versnippering en vervreemding naar heelheid en integratie, van nihilisme en ironie naar diepe betekenis en waarde.

Deze integrale ontwikkeling zet zich voort in de golven van de **derde laag** (of 'superintegrale' en bovenpersoonlijke golven), waarvan Jenny Wade er in haar uitbreiding van het systeem van Graves twee *transpersoonlijk* respectievelijk *verenigend* noemt.

Het komt erop neer dat waarden groeien en zich ontwikkelen van **tribaal** tot **traditioneel** tot **modern** tot **postmodern** tot **integraal** en **superintegraal**, op weg naar nog hogere ontplooiingen in de evolutionaire toekomst. Vandaag de dag staan we, in onze cultuur als geheel, op het punt om de buitengewone sprong te maken van de eerste naar de tweede laag, van postmodern naar integraal ... een sprong waar we zo op terug zullen komen.

Robert Kegans werk op het gebied van **bewustzijnsorden** behoort waarschijnlijk tot het meest gerespecteerde overal ter wereld. Hetzelfde geldt voor de verfijnde theorie en research van Jane Loevinger met betrekking tot de **stadia van zelfontwikkeling**. Het werk van beiden is weergegeven in figuur 14.

Een van Loevingers voornaamste leerlingen en opvolgers, Susann Cook-Greuter, heeft belangrijk werk verricht op het vlak van de hoogste niveaus of derde-laag-niveaus van zelfontwikkeling, die ook zijn vermeld in figuur 14. (Tussen twee haakjes, Robert Kegan, Don Beck en Susann

Cook-Greuter zijn alle drie oprichters van het Integral Institute.) Maak je geen zorgen als je niet alle benamingen in deze figuur begrijpt; alles wat we aanvoeren kan gestaafd worden door gewoon de informatie te gebruiken die je al hebt opgedaan.

Voorlopig zou je er, door naar alle stromen in figuur 9 en 10 te kijken, eenvoudig nota van kunnen nemen dat de eerste groeilaag in het algemeen de ontwikkeling betreft van *prepersoonlijk* tot *persoonlijk*; dat de tweede groeilaag *geïntegreerde* persoonlijke ontwikkeling (en het begin van de 'integrale' stadia) betreft; en dat het bij de derde laag om *transpersoonlijke* ontwikkeling (of het begin van 'superintegrale' stadia) gaat.

Evolutie en ontwikkeling in hun totaliteit bewegen zich dus van prepersoonlijk naar persoonlijk naar transpersoonlijk, van onderbewust naar zichzelf bewust naar bovenbewust, van prerationeel naar rationeel naar transrationeel, van preconventioneel naar conventioneel naar postconventioneel, van id naar ego naar geest. Bij derde-laag of transpersoonlijke ontwikkeling begint je zelf zich, voorbij het persoonlijke domein, uit te breiden in het gebied van onmetelijke uitgestrektheid, stralende helderheid en eenheid scheppende ervaringen, die alle een duidelijk spirituele tint hebben. Anders dan het magische en mythische niveau, die louter concepten en dogmatische overtuigingen zijn, zijn dit echter niveaus van rechtstreekse ervaring en onmiddellijk bewustzijn.

Ben jij dit: 'spiritueel maar niet religieus'?

De pre/post-denkfout

Laten we dus stilstaan bij dit feit, en er nota van nemen: onderzoekers hebben vastgesteld dat de *allerhoogste* stadia van cognitieve en morele groei en groei van het zelf alle een transpersoonlijke of spirituele tint krijgen. Laten we dit **hoogste-niveau-spiritualiteit** noemen, en dat als een van de belangrijke betekenissen van 'spiritueel' beschouwen. (We zullen dit aspect van spiritualiteit ook aanduiden als **transrationele** en **transpersoonlijke spiritualiteit**.)

Laten we echter ook notitie nemen van een vreemd, fascinerend gegeven: sommige van de transrationele en transpersoonlijke stadia lijken oppervlakkig op enkele van de prerationele en prepersoonlijke stadia. Omdat *pre*conventionele stadia en *post*conventionele stadia *beide non-*

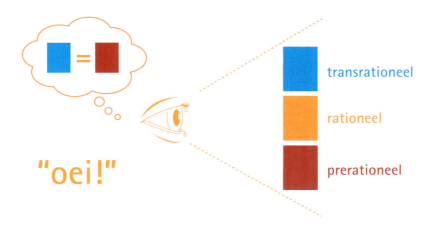

conventioneel zijn, worden ze door het ongeoefende oog verward en zelfs gelijkgesteld. Prerationele stadia worden eenvoudig met transrationele stadia verward omdat beide non-rationeel zijn; pre-egoïsche stadia worden met transegoïsche verward omdat beide non-egoïsch zijn; transverbaal wordt met preverbaal verward omdat beide non-verbaal zijn, enzovoort.

Deze verwarring staat bekend als de *pre/post-denkfout* (of de *pre/trans-denkfout*). Zodra ze zich voordoet, maken mensen een van twee grote fouten. Hetzij ze reduceren alle transrationele werkelijkheden tot prerationeel kinderlijk gewauwel (denk aan Freud), hetzij ze verheffen prerationele kinderlijke beelden en mythen tot transrationele glorie (denk aan Jung). De discussie rond spiritualiteit is van meet af aan geteisterd door zowel reductionisme als 'elevationisme', en een van de eerste dingen die een echt integrale benadering bijdraagt is dus een uitweg uit die ene nachtmerrie.

Een prerationele mythische God en een transrationele verenigende Geest

We dienen op z'n allerminst te erkennen, op basis van significant wetenschappelijk en empirisch onderzoek, dat er ontwikkelingsstadia zijn die prerationele, kinderlijke, preconventionele, narcistische fantasie inhouden, en stadia die postconventioneel, transrationeel, egobewust, postautonoom bewustzijn behelzen. In de eerstgenoemde (bijv. magisch-animistisch, mythisch lidmaatschap) wordt de hoogste werkelijkheid inderdaad voorgesteld als een heer in de hemel met zilverwit haar en grijze baard, of als iemand die over water loopt en geboren is uit een biologische maagd, of als een bejaarde wijze die bij de geboorte 900 jaar was, enzovoort. Al deze prerationele mythen worden voor letterlijk en concreet waar gehouden. In de laatstgenoemde of postconventionele stadia wordt de hoogste werkelijkheid echter voorgesteld als een non-dualistische zijnsgrond, een staat van tijdloze tegenwoordigheid, of een postrationele (niet prerationele en niet antirationele) toestand van eenheidsbewustzijn. Tussen de twee is inderdaad een verschil van dag en nacht, en wat ze scheidt is de dageraad van de rede.

Als we al het wetenschappelijk onderzoek op het gebied van menselijke ontwikkeling samenvoegen, lijken er minstens drie wijde bogen van menselijke psychische groei te zijn: van prepersoonlijk naar persoonlijk naar transpersoonlijk, of van prerationeel naar rationeel naar transrationeel, of van onderbewust naar zichzelf bewust naar bovenbewust. Elk van de stadia in die bogen **overstijgt en omsluit** zijn voorganger(s). Terwijl elk nieuw niveau **zich ontplooit**, **omhult** het zijn voorganger – een ontwikkeling die omwikkeling is – zodat het cumulatieve effect werkelijk integraal is, precies zoals het geval is bij de ontwikkeling van atomen tot moleculen tot cellen tot organismen. Niets gaat verloren, alles blijft behouden in het buitengewone ontplooien en omhullen, ontwikkelen en omwikkelen, overstijgen en omsluiten, tenietdoen en in stand houden dat bewustzijnsevolutie is.

We hebben het er nu niet over of er een 'echte' Geest of werkelijke

Ben jij dit: 'spiritueel maar niet religieus'?

Zijnsgrond is of niet. We hebben het erover of die drie grote bogen (of, iets anders ingedeeld, drie grote lagen) van menselijke ontwikkeling er zijn, en het antwoord is dat elke empirische studie die zorgvuldig aandacht heeft besteed aan de volle reikwijdte van menselijke ontwikkeling **ja** heeft geconcludeerd. Wie de stadia van bovenbewust en transpersoonlijk bewustzijn ontkennen, loochenen eenvoudig en volstrekt het wetenschappelijk bewijsmateriaal. En eerlijk gezegd zijn wij evenmin verplicht om hun opvattingen in aanmerking te nemen als we de geestelijken serieus hoeven te nemen die weigerden door Galilei's telescoop te kijken omdat ze al 'wisten' wat ze zouden zien.

Als we nu dus overgaan tot die fascinerendste van alle vragen en daadwerkelijk de vraag stellen of er al dan niet een werkelijke Zijnsgrond, een echte Geest, een ware Godheid ten grondslag ligt aan alle verschijnselen, wie zouden we het beter kunnen vragen dan die individuen die zich op de hogere of hoogste niveaus – de transpersoonlijke niveaus – van ontwikkeling bevinden? En als we het hun vragen, wat zeggen ze dan?

Wel, laten we om te beginnen herhalen dat elk van deze drie grote bogen zijn eigen idee heeft van wat de hoogste werkelijkheid is. We zagen dat in de eerste boog, tot rationaliteit, de hoogste werkelijkheid wordt beschouwd als **magisch** en **mythisch** van aard. Hier is, om eerlijk te zijn, misschien wel tachtig procent te vinden van de leerstellingen van de grote wereldreligies, van shintoïsme tot christendom en islam, van jodendom tot hindoeïsme, boeddhisme en taoïsme. Ook veel new age-magie behoort hiertoe. Daarna begint menselijke ontwikkeling aan een periode die non-religieus en zelfs antireligieus lijkt, namelijk alle stadia van de tweede grote boog, de boog van Persoon en Rede. Hier treedt rationele wetenschap op de voorgrond en dit betekent een buitengewone weldaad voor het mensdom in termen van vermindering van lijden en toename van de levensduur. Wanneer kwalen, honger, ziekte en kindersterfte worden meegeteld, heeft rationele wetenschap meer echt menselijk lijden verlicht dan alle prerationele mythische religies samen. Dat wetenschap kan worden misbruikt is niet waar het om gaat; de duidelijke voordelen die ze brengt zijn duizelingwekkend en onloochenbaar.

Vervolgens, op het moment dat het ernaaruit zag dat al het religieuze en spirituele verleden tijd was, overblijfselen uit de archaïsche geschiedenis, komt de derde grote boog. Voortbouwend op de voordelen van rationeel bewustzijn begint de ontwikkeling rationaliteit in nog grotere cirkels van zorg en bewustzijn te overstijgen en te omsluiten. Hier wordt de hoogste werkelijkheid niet gezien in antropomorfe termen, die de eerste boog kleuren, en niet in rationele termen, die de tweede kleuren, maar veeleer in termen van Zijn, Leegte, Bewustzijn en Zo-heid – in termen als Grond van Alle Zijn; een universeel Bewustzijn; een non-dualistische Zo-heid of Is-heid; een onmetelijke, open, lege Stralende Helderheid; een spiegelachtig Getuige-Bewustzijn; een Godheid voorafgaand aan enigerlei Drie-eenheid; een zuiver, oneindig, transcendent, zelfloos Zelf; een onbegrensd, ruim, stralend, onbelemmerd en onbeschrijflijk Bewustzijn als Zodanig; een Tegenwoordigheid of Nu, tijdloos, eindeloos, eeuwig; een Aldus-heid of Zo-heid of Is-heid van elk moment, voorbij elke denkbare conceptualisatie, maar net zo eenvoudig en vanzelfsprekend als de persoon die deze bladzijde leest, of als het geluid van een roodborstje dat zingt, of als het koele lessen van de dorst bij de eerste slok uit een glas ijsthee op een hete zomerdag.

Ben jij dit: 'spiritueel maar niet religieus'?

Dit is niet de religie van je vader, en niet die van je moeder, en zeker niet die van je grootouders. En toch meldt de overgrote meerderheid van individuen die de stadia van de derde boog/laag bereiken, dat de werkelijkheid een versie is van een oneindige/eeuwige Grond van Alle Zijn. Deze transpersoonlijke werkelijkheid bevindt zich in het spectrum van menselijke ontwikkeling echter aan de andere kant, *tegenover* de magische en mythische voorstellingen van de prepersoonlijke en prerationele boog. Ze verschillen inderdaad als dag en nacht, en we moeten er absoluut op zijn minst mee ophouden ze met elkaar te verwarren.

De media, om alleen het meest voor de hand liggende voorbeeld maar te geven, verwarren pre en trans echter volledig. Alle vormen van transpersoonlijke non-dualistische spiritualiteit worden nonchalant over één kam geschoren en in het prepersoonlijke vuilnisvat gestort. Het enige soort spiritualiteit dat de media erkennen is het prerationele.

(Wat alles nog erger maakt op dit vlak, de pers lijkt slechts twee typen religie te herkennen: fundamentalistische halvegaren en new age-halvegaren. Die zijn natuurlijk allebei *pre*rationeel, waarbij de fundamentalist in geelbruine dogma's en mythen, de new age-mens in purperrode magie gelooft. Elke transrationele oriëntatie, zoals transpersoonlijke psychologie, wordt op één hoop gegooid met new age-halvegaren. Maar verdomd als het niet waar is, de new age-figuren worden niet eens serieus genoeg genomen om bij stil te staan. De enige twee mensen die de pers kent die 'spiritueel' zijn heten George W. Bush en Osama bin Laden. En de pers kan maar niet bedenken wie van de twee het gevaarlijkst is.)

Het is een feit dat conservatieven geneigd zijn de eerste boog aan te

hangen en vrijzinnigen gewoonlijk aanhanger zijn van de tweede boog, terwijl geen van beiden zich de derde boog zelfs maar vaag bewust is. De derde boog wordt dus hetzij volledig verworpen, hetzij, zoals we al zeiden, voorwerp van de pre/trans-denkfout en over de hele linie verward met de eerste boog.

Inderdaad dag en nacht. Het is dus op zijn minst waard te herhalen dat deze twee diametraal verschillende soorten 'non-rationele spiritualiteit' (pre en trans) gewoon moeten worden erkend, door de pers, of op zijn minst door iedereen die kan lezen zonder de lippen te bewegen.

Het heeft er alle schijn van dat de uitdrukking 'spiritueel maar niet religieus' vaak van toepassing is op deze derde boog. En ook al vertoeven mensen die zichzelf zo beschrijven niet permanent in deze hogere, transpersoonlijke golven, velen van hen lijken deze hogere werkelijkheden intuïtief aan te voelen. Ze willen geen egocentrische magische of etnocentrische mythische religie, doordrenkt van dogma's, geloofsbelijdenis en conceptuele overtuigingen. Ze willen ervaring uit de eerste hand, die boven woorden en begrippen uit gaat, een supramentale, transrationele, postconventionele spiritualiteit, met haar onmiddellijk gewaarzijn en stralend bewustzijn. Ze zijn inderdaad **spiritueel maar niet religieus**. En ze beweren inderdaad zich direct bewust te zijn van een non-dualistische, lege, open, ruime, oneindige, onbeschrijflijke Zoheid, of welke naam je er ook aan wilt geven.

Nogmaals de pre/post-denkfout

Excusez le mot, maar het ultieme kreng van een probleem, wanneer het om 'God' of 'Geest' of 'Absolute Werkelijkheid' gaat, is dat de hele zaak verstrikt zit in een ontstellend kolossale pre/post-denkfout. De prerationele en de transrationele versie van spiritualiteit lijken gelijksoortig of zelfs identiek voor het ongeoefende oog, eenvoudig omdat beide 'nonrationeel' zijn, en daarom worden ze als in wezen hetzelfde behandeld door iedereen die gevangenzit in deze pre/trans-denkfout, al zijn het in feite tegenpolen. En wanneer dag en nacht met elkaar worden verward, worden de transrationele stadia van Non-dualistisch Bewustzijn – die

Integrale visie

naar men zegt, waar ze ook aan de dag treden, een ultieme Vrijheid en Volheid openbaren, een Geweldige Bevrijding van vervreemding, versnippering en lijden – grondig verward met de prerationele stadia van een mythische God – stadia die aantoonbaar meer door de mens gecreëerd lijden hebben veroorzaakt dan enige andere factor in de geschiedenis. De weg naar onze Bevrijding wordt verward met de oorzaak van het merendeel van onze ellende. Door weg te lopen voor wat de oorzaak van lijden lijkt te zijn, lopen we weg voor onze verlossing. Dit is, eh, heel erg. En deze verwarring vindt men overal, niet alleen in de pers, maar ook in de religies zelf en in de cultuur in het algemeen. Toch wordt er met een IBS ter plekke een einde aan gemaakt. Door eenvoudig naar het *niveau*-aspect van AKWAN te kijken, kunnen deze ongelooflijk belangrijke verschillen allereerst worden opgemerkt, en vervolgens benut.

Laten we intussen eerlijk zijn over de aantallen waar het hier om gaat. Studies wijzen consequent uit dat omstreeks **zeventig procent van de wereldbevolking zich op etnocentrische (of lagere) niveaus van ontwikkeling bevindt**. Dat wil zeggen: op of onder mythisch, geelbruin, conformistisch.* Nog anders gezegd: ongeveer zeventig procent van de wereldbevolking is fundamentalist (of lager) in spirituele oriëntatie. Ongeveer dertig procent behoort tot de tweede boog (oranje tot turquoise). En nog niet één procent verblijft stabiel in de transpersoonlijke stadia. Die transpersoonlijke stadia bestaan evenwel echt, ze zijn er, en ze zijn toegankelijk voor iedereen die zich met een transformerende beoefening, zoals de integraal-levenpraktijk (ILP), bezig wil gaan houden, teneinde zo in contact te treden met deze stadia.

---

* Zie figuur 14, blz. 112, voor het niveau van geelbruin.

Ben jij dit: 'spiritueel maar niet religieus'?

Dat is dus de eerste betekenis van 'spiritualiteit': de hoogste niveaus (of derde-laag-niveaus) op elk van de lijnen. Laten we nu eens naar de lijnen zelf kijken.

Spirituele intelligentie: laten we eens naar de lijnen kijken

Nog niet één procent verblijft stabiel in de derde boog of laag?* Zo is het. Hoe je het ook indeelt, niet erg veel mensen, op dit punt in de geschiedenis, zijn gegroeid en geëvolueerd tot in de transpersoonlijke stadia of golven van bewustzijn.

Betekent dit dat nog niet één procent van de mensheid echt spiritueel is? Of, om hetzelfde te zeggen vanuit een ander gezichtspunt, betekent dit dat je in indigo of hoger moet vertoeven om over ook maar enig echt spiritueel bewustzijn te beschikken? Dat kan toch niet waar zijn. Iets lijkt hier niet te kloppen. En inderdaad, dat is ook zo. Wat niet klopt is dat we onze AKWAN-waarneming nog niet hebben voltooid. We zijn nog niet klaar met vanuit alle kwadranten, niveaus, lijnen, toestanden en typen naar spiritualiteit kijken. Laten we nu dus eens naar 'lijnen' kijken.

---

* De derde boog en de derde laag verwijzen in essentie naar dezelfde stadia – de transpersoonlijke. De tweede laag en de tweede boog verschillen enigszins, in de zin dat 'tweede laag' duidt op de eerste niveaus die integrerend zijn (namelijk blauwgroen en turquoise), terwijl 'tweede boog' algemener is en verwijst naar niveaus die persoonlijk zijn (grofweg oranje tot turquoise). Dit zijn gewoon verschillende manieren om dezelfde ontwikkelingsniveaus in te delen.

Bestaat er een spirituele ontwikkelingslijn? Bestaat spirituele intelligentie?

Het antwoord is vrijwel zeker bevestigend. In een baanbrekende serie studies heeft James Fowler enkele van de basisstadia van de spirituele stroom of lijn in kaart gebracht. Laten we dus even bij deze lijn stilstaan en er eens goed naar kijken. Ondertussen vraag je je misschien voortdurend af: in welk stadium of welke golf bevind ik me in deze belangrijke stroom?

Hieronder (en in figuur 16) vind je Fowlers stadia van spirituele intelligentie, waarbij je direct zult opmerken dat het – wat niet verrassend is – varianten zijn van de algemene niveaus archaïsch, magisch, mythisch, rationeel, pluralistisch, integraal (en superintegraal). Dat zijn eenvoudig enkele van de gebruikelijker benamingen voor de regenboog of hoogte van bewustzijn, en ze vertonen van nature grote gelijkenis met de specifieke namen van Fowlers stadia.

Fowlers stadia zijn:

0. preverbaal, nog niet gedifferentieerd

1. projectief-magisch, gedomineerd door de 1e persoon

2. mythisch-letterlijk, concrete mythen en verhalen

3. conventioneel, conformistisch, gedomineerd door de 2e persoon

4. individueel-reflectief, begin van de 3e persoon

5. verbindend, pluralistisch, dialectisch, multicultureel gevoelig

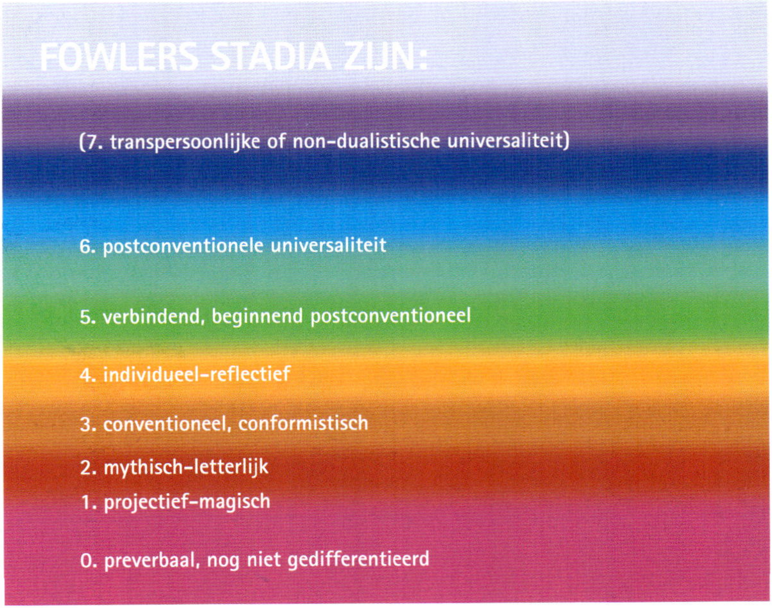

Ben jij dit: 'spiritueel maar niet religieus'?

FOWLERS STADIA ZIJN:

(7. transpersoonlijke of non-dualistische universaliteit)

6. postconventionele universaliteit

5. verbindend, beginnend postconventioneel

4. individueel-reflectief

3. conventioneel, conformistisch

2. mythisch-letterlijk

1. projectief-magisch

0. preverbaal, nog niet gedifferentieerd

Figuur 16. *Fowlers stadia van spirituele intelligentie.*

6. postconventionele universaliteit

(7. transpersoonlijke of non-dualistische universaliteit)

Ik geloof dat de betekenis van de meeste van deze stadia duidelijk is, en nieuwe begrippen die nodig zijn zullen we definiëren zodra we ze tegenkomen. Waar het om gaat is dat het erop lijkt, op grond van het beschikbare

Integrale visie

bewijsmateriaal, dat je je NIET op de allerhoogste niveaus in welke lijn ook hoeft te bevinden om van een zekere spiritualiteit te kunnen spreken. Niet alleen zijn er veranderde bewustzijnstoestanden of piekervaringen met authentieke spiritualiteit (die we dadelijk zullen behandelen), maar ook spiritualiteit zelf groeit en evolueert via *elk* bewustzijnsniveau, niet alleen de hoogste niveaus. Met andere woorden: er is niet alleen *hoogste-niveau-spiritualiteit* (en, zie onder, *veranderde-bewustzijnstoestand-spiritualiteit*), er is ook *ontwikkelingslijn-spiritualiteit*, **spirituele intelligentie**.

Net als het merendeel van de diverse intelligenties lijkt deze lijn ergens in de vroegste levensjaren te beginnen. Zelfs als volwassene ben je misschien pas in stadium 1 van je spirituele intelligentie, maar je bent NOOIT zonder enige vorm van spirituele intelligentie of spiritueel bewustzijn.

Dus op welk aspect of welke dimensie van spiritualiteit duidt spirituele intelligentie? Hoe kan dat aspect van spiritualiteit worden gedefinieerd?

Verschillende onderzoekers hebben spirituele intelligentie op verschillende manieren gedefinieerd, gebaseerd op het soort onderzoek en bevindingen waarmee ze zich bezighouden. De misschien wel eenvoudigste en gemakkelijkste definitie houdt echter het volgende in. Paul Tillich zei dat 'spiritueel' verwijst naar datgene wat iemands hoogste belang aanduidt. In het jaar nul is je **hoogste belang** misschien waar je je voedsel vindt, maar je bent nooit zonder enige vorm van dat bewustzijn en die bekleding met betekenis. Het menselijk organisme lijkt, als een van zijn overgeërfde diverse intelligenties, de capaciteit of hersens te hebben om zich met het hoogste belang bezig te houden.

Ben jij dit: 'spiritueel maar niet religieus'?

Wanneer het om dit aspect of deze dimensie van spiritualiteit gaat, heeft iedereen religie. Als je je op een oranje niveau – het individueel-reflectieve – van de spirituele lijn bevindt, heb je misschien een zeer formele, rationele vorm van hoogste belang, zoals wanneer we zeggen: 'Logica is Spocks religie.' Maar het is niet iets wat je ooit simpelweg mist. Je kunt hebben:

- archaïsche spiritualiteit (voedsel/seks-fixatie)
- magische spiritualiteit (voodoo, Santeria)
- mythische spiritualiteit (fundamentalisme, mythisch-lidmaatschap-God/Godin)
- rationele spiritualiteit (wetenschappelijk materialisme, logocentrisme)
- pluralistische spiritualiteit (postmodernisme als antwoord op alles, pluralitis)
- systeemspiritualiteit (diepe ecologie, Gaiasofie)
- integrale en superintegrale spiritualiteit (AKWAN)

Enzovoort. Onthoud: bij elk van de diverse vormen van intelligentie varieert de inhoud van elk niveau in de lijn enorm van persoon tot persoon en van cultuur tot cultuur.

Het 'niveau'-onderdeel bepaalt niet de specifieke inhoud van iemands hoogste belang, maar gewoon de mate van ontwikkeling, complexiteit en bewustzijn die op dat niveau bij iemands hoogste belang, wat het ook is, betrokken is.

Dus: **In welk Godsniveau geloof je?** Is de spijs van je hoogste belang, de essentie van je hoogste werkelijkheid, fysiek voedsel, emotioneel voedsel, mentaal voedsel, transpersoonlijk voedsel? Wat is de hoogte van je werkelijkheid? Hoe hoog is je God?

Kortom: *Wat vereer je?* Want het is beslist iets ...

Toestanden en stadia

Op dit punt kunnen we misschien beginnen te begrijpen hoe bruikbaar het AKWAN-model (of IBS) is om wijs te kunnen worden uit spiritualiteit. Neem er nota van dat zelfs de twee aspecten van spiritualiteit die we tot dusver hebben besproken – hoogste-niveau-spiritualiteit en ontwikkelingslijn-spiritualiteit – op bepaalde punten bijna tegenstrijdig lijken. Hoogste-niveau-spiritualiteit beweert bijvoorbeeld dat kinderen geen enkele authentieke spiritualiteit bezitten, terwijl ontwikkelingslijn-spiritualiteit stelt dat dit wel het geval is. (Het is niet te geloven hoeveel academische strijd om voedsel er door die volstrekt vruchteloze discussie is ontstaan.)

Om de discussie anders te formuleren: we hebben gezien dat nagenoeg alle mensen over spirituele intelligentie beschikken, maar dat nog niet één procent zich op de hoogste niveaus van die of enige andere lijn bevindt. Als je met 'spiritueel' bedoelt 'de hoogste niveaus van elke lijn', dan zijn alleen de hoogste niveaus van de spirituele lijn spiritueel.

Snap je? Hetzelfde woord 'spiritueel' wordt op twee compleet verschillende manieren gebruikt. Als we dit niet duidelijk zouden herkennen door een AKWAN-model (of iets vergelijkbaars) te gebruiken, zouden we volledig inconsistent en de weg kwijt zijn, of in elk geval behoorlijk in de war.

En de verwarring zou daarmee nog maar beginnen. Er zijn andere aspecten van spiritualiteit, of andere manieren waarop mensen het begrip 'spiritualiteit' gewoonlijk gebruiken, dan niveaus en lijnen. Er zijn immers bewustzijnstoestanden die spiritueel lijken, zoals bepaalde **piekervaringen, veranderde bewustzijnstoestanden, religieuze ervaringen** en **meditatieve toestanden**. En inderdaad blijkt dit een van de gebruikelijkste manieren waarop mensen spiritualiteit opvatten. Het is zeker iets wat we bij een opsomming van religieuze of spirituele verschijnselen niet buiten beschouwing mogen laten.

We hebben gezien dat praktisch alle mensen over spirituele intelligentie beschikken en dat nog niet één procent van hen zich op het hoogste niveau van die lijn bevindt. Maar hoe zit het met toestanden? Hoe vaak doen bewustzijnstoestanden zich voor? Wel, wanneer was je voor het laatst high?

Oké, neem me niet kwalijk. Laten we het zo formuleren: onderzoek wijst consequent uit dat je op vrijwel elk niveau of in vrijwel elk stadium van groei kunt verkeren en diepe en authentieke religieuze ervaringen, piekervaringen of veranderde bewustzijnstoestanden kunt beleven. In hoofdstuk 2 formuleerden we het zo: 'De reden waarom deze piekervarin-

natuur-
mystiek

gods-
mystiek

vormloze
mystiek

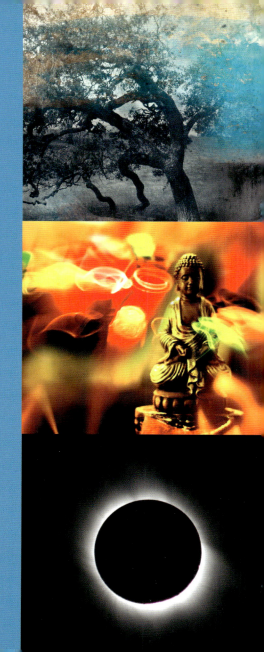

gen mogelijk zijn, is dat veel van de voornaamste bewustzijnstoestanden (zoals waken-grof, dromen-subtiel en vormloos-causaal) altijd aanwezige mogelijkheden zijn.' Net als die natuurlijke toestanden lijken bepaalde religieuze of spirituele toestanden altijd aanwezig, of althans altijd beschikbaar te zijn.

Wat zijn typische spirituele toestanden of piekervaringen in de waaktoestand? Heel kenmerkend is dat je een wandeling maakt in de natuur en je een piekervaring hebt waarin je één bent met de hele natuur. Noem dat **natuurmystiek**. Wat is een type spirituele toestand of spirituele ervaring in de droomtoestand? Misschien droom je over een geweldige wolk lichtende, stralende liefde, en voel je misschien zelfs dat je één wordt met die oneindige liefde. Noem dat **godsmystiek**. Is het met betrekking tot de diepe droomloze-vormloze toestand mogelijk om een spirituele ervaring te hebben met deze toestand als brandpunt? Dat lijkt het geval, omdat sommige spirituele of religieuze ervaringen worden beschreven als leeg, vormloos, onmanifest – de Leegte, Diepte, Oergrond, Ayin enzovoort. Noem dit **vormloze mystiek**. (We noemen het ook *causale mystiek*, naar de causale of vormloze toestand zelf.) Ten slotte zijn er de veelvoorkomende ervaringen van *flow-toestanden*, waarin een individu zich één voelt met alles wat zich in welke toestand ook voordoet. Noem dat **non-dualistische mystiek**.

Welnu, waar het om gaat is dat je elk van deze spirituele-toestandervaringen in vrijwel elk ontwikkelingsstadium kunt meemaken, eenvoudigweg omdat je in elk stadium nu eenmaal wakker bent, droomt en slaapt. Je kunt je bijvoorbeeld op de oranje hoogte bevinden in elk van de ontwikkelingslijnen en een grove, subtiele, causale of non-dualistische piekervaring hebben.

Een van de dingen die onderzoekers de afgelopen drie decennia hebben geleerd met betrekking tot de relatie tussen toestanden en stadia is buitengewoon belangrijk: je zult elke spirituele (meditatieve, veranderde) bewustzijns*toestand* interpreteren overeenkomstig je bewustzijns*stadium*. Dat wil zeggen: volgens je ontwikkelings*hoogte*. (In feite zullen mensen hun ervaring natuurlijk interpreteren overeenkomstig hun totale AKWAN-matrix, maar niveaus/stadia zijn een bijzonder belangrijk onderdeel van die algemene interpretatie, en zijn het onderdeel waar we hier de nadruk op leggen.)

Laten we, om hier een voorbeeld van te geven, een eenvoudig, zeven niveaus omvattend schema van *bewustzijnsstadia* (archaïsch, magisch, mythisch, rationeel, pluralistisch, integraal, superintegraal) en vier typen *bewustzijnstoestanden* (grof, subtiel, causaal, non-dualistisch) gebruiken, wat 4 x 7 of 28 typen spirituele of religieuze ervaring oplevert. Voor elk van deze typen hebben we bewijs gevonden.

Dit coördinatenstelsel of rooster van toestand/stadiumcombinaties wordt het **Wilber-Combs-rooster** genoemd, naar de twee bedenkers ervan (nadat ik Allan Combs maanden lang had lopen uit te leggen hoe dwaas 'het Combs-Wilber-rooster' klonk). Figuur 17 is een voorbeeld van het W-C-rooster.

Laat ik een kort voorbeeld geven van hoe dit rooster werkt. Laten we zeggen dat iemand een piekervaring heeft waarin hij of zij een stralende, witte, heldere wolk ziet, die soms een persoon of wezen van licht lijkt, en dat hij of zij vervolgens de gewaarwording heeft in dat licht op te gaan, een gevoel van oneindige liefde en grenzeloze gelukzaligheid ervarend. Laten we zeggen dat deze persoon een protestant is, wiens kwadrant

Ben jij dit: 'spiritueel maar niet religieus'?

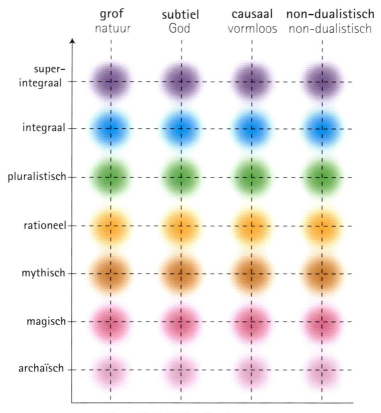

Figuur 17. *Het Wilber-Combs-rooster.*

linksonder zijn interpretaties zo predisponeert dat hij deze ervaring in christelijke termen ziet en inkleedt. Wat zal deze persoon zien?

Als hij zich op de **rode** hoogte bevindt, zou hij haar kunnen zien als een magische Jezus die over water kan lopen, de doden kan laten opstaan, water in wijn kan veranderen, brood en vis kan vermenigvuldigen, enzovoort. Bij **geelbruin** ziet hij Jezus misschien als de eeuwige wetgever, de schenker van algehele verlossing als men in de mythen en dogma's gelooft en zich houdt aan de gedragsregels, geboden en verboden die verstrekt zijn aan het uitverkoren volk en die te vinden zijn in het enige ware Boek (de Bijbel). Bij **oranje** ziet deze persoon Jezus misschien als een universele humanist, toch ook goddelijk, die wereldcentrische liefde en moraliteit onderwijst, en die niet alleen in de hemel, maar tot op zekere hoogte ook op deze aarde, in dit leven, verlossing kan brengen. Bij **groen** ziet deze persoon Jezus misschien als een van vele even deugdelijke spirituele leraren, waardoor Jezus aanvaarden voor mij complete verlossing zou kunnen betekenen - waarom ik dat dan ook vurig doe, maar andere culturen en individuen andere spirituele paden misschien beter vinden voor zichzelf, en ik besef dat alle echte spirituele paden, als ze diep genoeg gaan, evenveel verlossing of bevrijding kunnen bieden. Als deze persoon op **turquoise** hoogte vliegt, ziet hij Jezus misschien als manifestatie van hetzelfde Christusbewustzijn dat voor iedereen, jou en mij incluis, volkomen bereikbaar is, en symboliseert Jezus zo een transformerend bewustzijn dat toont dat iedere persoon deel is van een onmetelijk systeem van dynamische, stromende en elkaar onderling doordringende processen dat ons in zijn stralende uitgestrektheid allemaal omvat. Bij **violet** en **ultraviolet** zou Christusbewustzijn kunnen worden gezien als symbolisch voor het transcendente, oneindige, onbaatzuchtige Zelf, het goddelijk bewustzijn dat in Jezus was en in jou en mij is, een radicaal, allesomvattend bewustzijn van Licht, Liefde en Leven dat uit de stroom van de tijd weer tot leven is gewekt bij de dood van het liefdeloze, zelf-samentrekkende ego, een bestemming onthullend voorbij de dood, voorbij lijden, voorbij ruimte en tijd en tranen en doodsangst, en dat daarom hier blijkt te zijn, nu, in het tijdloze moment waarin alle werkelijkheid ontstaat.

Met andere woorden: de ervaring van een veranderde bewustzijnstoestand zal deels worden geïnterpreteerd overeenkomstig het stadium waarin men zich bevindt. Er is een magische Christus, een mythische Christus, een rationele Christus, een pluralistische Christus, een integrale en een superintegrale Christus, enzovoort. Dit gaat natuurlijk op voor elke ervaring, maar het wordt in het bijzonder belangrijk in het geval van spirituele en religieuze ervaringen. Iemand kan zich in een betrekkelijk laag stadium van ontwikkeling bevinden, bijvoorbeeld rood of geelbruin, en toch een volledig authentieke ervaring van de subtiele of causale bewustzijnstoestand hebben.

Een voorbeeld dat men heel vaak ziet is de wedergeboren fundamentalist of aanhanger van de evangelische leer. Dergelijke personen *weten* dat ze Christus (of Allah, of de H. Maria, of Brahman) persoonlijk hebben ervaren, en niets wat je kunt zeggen zal hen daar ook maar enigszins van afbrengen. En het is min of meer waar: ze hebben een authentieke, levendige, echte en onmiddellijke ervaring van een subtiele-toestand-werkelijkheid gehad. Maar ze interpreteren die toestand vanuit stadia die egocentrisch of etnocentrisch zijn: Jezus, en alleen Jezus, wijst

de enige, ware weg. Erger nog, hun echte of authentieke toestand-ervaring van liefde zal hun etnocentrisme in feite *versterken*. Alleen zij die Jezus als hun persoonlijke redder aanvaarden, kunnen verlossing vinden; alle anderen zijn overgeleverd aan eeuwige verdoemenis en hellevuur, door een al-liefdevolle en al-vergevensgezinde God. Is die flagrante tegenspraak logisch? Jawel, als je het W-C-rooster gebruikt.

Het bestaan van bewustzijnstoestanden stelt ons in staat te begrijpen waarom mensen ervaringen kunnen hebben die in sommige opzichten zeer spiritueel en zeer authentiek zijn, al verkeren ze op betrekkelijk lage niveaus van ontwikkeling. Dat is ook de reden dat deze zo vaak voor kunnen komen. Hoewel het percentage van de bevolking dat zich in welke lijn ook op de allerhoogste niveaus (derde-laag-niveaus) van ontwikkeling bevindt nog niet één procent blijkt te zijn, meldt volgens veel opinieonderzoeken een percentage van 75 procent een bepaalde vorm van spirituele of religieuze ervaring te hebben gehad. Gebruik makend van een IBS beginnen we deze anders volledig tegenstrijdige gegevens te begrijpen: één procent had spirituele ervaringen in een *hoger stadium*; 75 procent had spirituele ervaringen in een veranderde bewustzijnstoestand.

De ideale situatie is natuurlijk dat iemand zich in de hogere ontwikkelingsstadia bevindt én een ruim scala aan significante toestand-ervaringen, zoals meditatieve en contemplatieve bewustzijnstoestanden, kent. Zoals het nu is richten sommige spirituele beoefenaren zich alleen op meditatieve toestanden, terwijl ze zich niet bewust zijn van ontwikkelingsstadia of er laatdunkend over doen, wat jammer is. Het combineren van beide is een van de hoofddoelen van de integraal-levenpraktijk, waar we in het volgende hoofdstuk op terug zullen komen.

Integrale visie

Kwadranten: waar bevindt zich de ultieme werkelijkheid?

We hebben gezien dat wat mensen als 'spiritualiteit' aanduiden iets kan zijn wat zich voordoet op de hoogste niveaus of in de hoogste stadia van elke lijn, of een ontwikkelingslijn op zich kan zijn, of kan verwijzen naar verschillende veranderde bewustzijnstoestanden: niveaus, lijnen en toestanden. Hoe zit het met typen en kwadranten?

We kunnen dit onderdeel heel vlot behandelen aangezien de grondgedachte volgens mij nu duidelijk is. 'Typen' is een belangrijk aspect of belangrijke definitie van spiritualiteit omdat veel mensen 'spiritueel' gelijkstellen met een bepaalde eigenschap, zoals liefde, vriendelijkheid, gelijkmoedigheid, wijsheid enzovoort.

Dat is terecht, maar als je naar elk van die eigenschappen kijkt, wordt duidelijk dat ze ontwikkeling aan de dag leggen. We zagen dit bij Carol Gilligan en de eigenschap zorgzaamheid en mededogen, die zich ontwikkelt van egoïstisch tot zorgzaamheid of universele zorgzaamheid tot geïntegreerd. Hoewel we typen dus zeker meetellen, keren we gewoonlijk weer snel terug naar de voorgaande definities met betrekking tot niveaus en/of lijnen. We zouden bijvoorbeeld kunnen zeggen dat spiritualiteit liefde inhoudt, en dat spiritueel zijn liefdevol zijn betekent. Maar liefde zelf ontwikkelt zich van egocentrische liefde tot etnocentrische liefde tot wereldcentrische liefde tot kosmocentrische liefde, en alleen de hoogste van die niveaus zijn echt spiritueel. Narcistische of egocentrische liefde wordt gewoonlijk niet als heel erg spiritueel beschouwd. Mensen die zeg-

Ben jij dit: 'spiritueel maar niet religieus'?

gen: 'Liefde is alles wat we nodig hebben', hebben hun standpunt dus niet erg goed doordacht.

Kwadranten komen in het spel wanneer verschillende theoretici proberen uit te leggen wat naar hun mening de 'essentieel ware' aard van de wereld is (fig. 18). Waar bevindt de ultieme werkelijkheid zich volgens jouw opvatting? Niet alleen op welk niveau bevindt zich jouw God, maar in welk kwadrant verblijft jouw God?

Is materie de primaire werkelijkheid? Of zijn geest en bewustzijn de primaire ingrediënten? Of denk je misschien dat die 'bovenbouw' van religie kan worden herleid tot de 'onderbouw' van economische realiteiten?

Figuur 18. *Kwadrantenabsolutisme.*

Of dat al onze kennis slechts een maatschappelijke interpretatie is?

Als je denkt dat materie de ultieme werkelijkheid is (d.w.z. het kwadrant rechtsboven het enige echte kwadrant is), dan zal elke spirituele ervaring of overtuiging niets meer zijn dan een illusie, een secundair verschijnsel van hersentoestanden en hun fysiologische vuurwerk. God is gewoon een denkbeeldige vriend voor volwassen mensen. Al die spirituele overtuigingen zijn 'niets meer dan' fysisch vuurwerk in het materiële brein.

Als je denkt dat geest en bewustzijn (het kwadrant linksboven) de ultieme werkelijkheden zijn, dan zul je juist het tegendeel geloven: de hele wereld van de materiële vormen is het verdorven rijk van illusie, en zij die erin geloven zijn verdwaald in onwetendheid, zonde, maya, samsara.

Als je denkt dat de systeemvisie van de werkelijkheid (het kwadrant rechtsonder) de ultieme visie is, dan zijn alle religieuze en spirituele overtuigingen niets meer dan manifeste structuur-functies die worden bepaald door de 'echte' werkelijkheden van het sociale systeem, de techno-economische basis, en verstrengelde netwerken van dynamische processen, alle als 3e-persoon-*het/zij* en niets dan 3e-persoon-*het/zij*.

En als je denkt dat het kwadrant linksonder het enige echte kwadrant is, dan zijn alle aspecten van kennis – met inbegrip van al onze ideeën over systemen, om niet te spreken van God en Geest – niets meer dan *maatschappelijke interpretaties*. Noch 'ik', noch 'het', noch 'het/zij' is uiteindelijk werkelijk, maar het almachtige 'wij' schept veeleer letterlijk alle werkelijkheid.

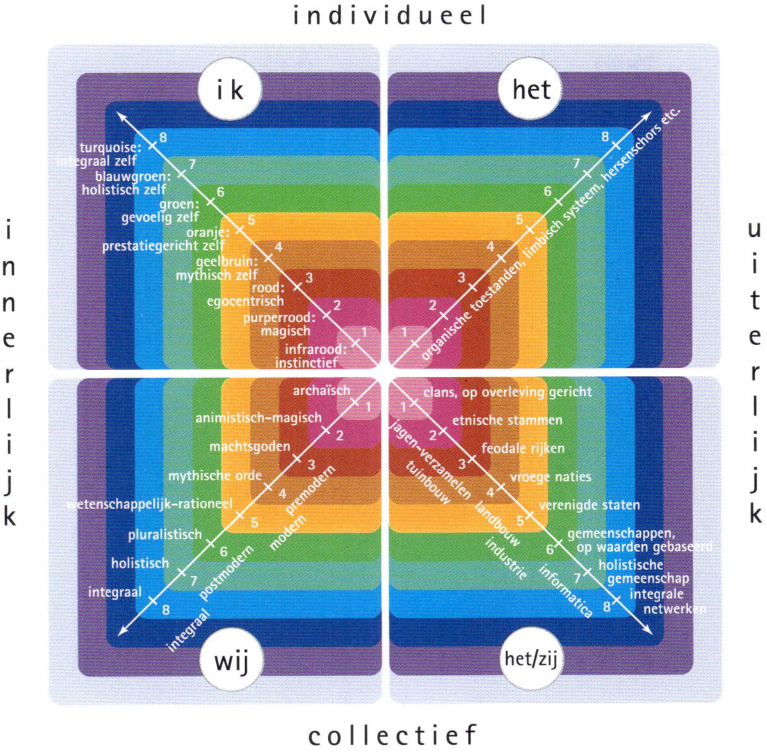

Ben jij dit: 'spiritueel maar niet religieus'?

individueel

ik — het

innerlijk — uiterlijk

turquoise: integraal zelf — 8
blauwgroen: holistisch zelf — 7
groen: gevoelig zelf — 6
oranje: prestatiegericht zelf — 5
geelbruin: mythisch zelf — 4
rood: egocentrisch — 3
purperrood: magisch — 2
infrarood: instinctief — 1

organische toestanden, limbisch systeem, hersenschors etc.

archaïsch — 1
animistisch-magisch — 2
machtsgoden — 3
mythische orde — 4
wetenschappelijk-rationeel — 5
pluralistisch — 6
holistisch — 7
integraal — 8

premodern, modern, postmodern, integraal

clans, op overleving gericht — 1
etnische stammen — 2
feodale rijken — 3
vroege naties — 4
verenigde staten — 5
gemeenschappen, op waarden gebaseerd — 6
holistische gemeenschap — 7
integrale netwerken — 8

jagen-verzamelen, tuinbouw, landbouw, industrie, informatica

wij — het/zij

collectief

Figuur 19. *AKWAN*.

Verveelt dit soort **kwadrantenabsolutisme** je niet gruwelijk? Mij wel, moet ik toegeven. Volgens AKWAN zijn alle kwadranten even fundamenteel; het ene kwadrant is niet werkelijker of fundamenteler dan het andere; ze ontstaan alle vier samen en evolueren alle vier samen. De ultieme werkelijkheid, als die ergens te vinden is, is aanwezig in hun gelijktijdige ontstaan en stralende ontplooiing, terwijl ze elkaar wederzijds scheppen en wederzijds in stand houden.

Is Geest echt of niet?

Kunnen we, met al dit onderzoek naar hogere toestanden en stadia van bewustzijn, ten slotte met enig vertrouwen zeggen of er wel of niet een echte Geest, een echte Godheid, een echte Grond van Alle Zijn bestaat?

Ik herhaal dat, als we dat ultieme vraagstuk willen proberen op te lossen, het zeker zou helpen als we ons op de hoogte zouden stellen van de antwoorden die zijn gegeven door hen die zich in de hoogste stadia van ontwikkeling bevonden, vind je ook niet? Niet dat we alles hoeven te geloven wat ze zeggen, maar ga gewoon eens na of ze op dit punt een min of meer consistent antwoord hebben.

Zoals je zou kunnen verwachten, is dat het geval. En zoals eerder in overweging is gegeven, wordt de Ultieme Zijnsgrond niet in magische termen of mythische termen voorgesteld, en wordt hij evenmin gezien als iets buiten deze wereld, of deze eenvoudig te boven gaand, maar veeleer als de Zo-heid of Aldus-heid van deze wereld, of zelfs als de Leegte van alles wat zich voordoet (waarbij 'Leegte' de onbeschrijflijke openheid of transparantie van elk moment betekent). Soms wordt hij beschreven in termen die een ultieme Intelligentie of aanwezig Gewaarzijn of oneindig Bewustzijn impliceren. We hebben het niet over een mythische, dualistische intelligentie die dingen doelbewust ontwerpt zoals een horlogemaker horloges creëert. Het is een intelligentie die een ding kent door het te *zijn* en het tegelijk voort te brengen. Het is het Zelf van alles wat bestaat, zodat weten en zijn, of subject en object, één zijn in een non-dualistische tegenwoordigheid. Als hij wordt beschreven als subject, is het een subject dat zo vrij is van objecten dat geen enkele beschrijving het kan weergeven – een onmetelijke, open Getuige, een Absolute Subjectiviteit, een Spiegel-Geest, die één is met zijn reflecties en ze allemaal reflecteert, onpartijdig, in gelijke mate, moeiteloos, spontaan, een Grote Geest die eindeloos alles omvat, maar ten volle hier en nu is. Als hij wordt beschreven in termen van Zijn, is het geen ontologische substantie, maar de Zo-heid of Is-heid van dingen, die voorafgaat aan concepten en gevoelens en gedachten en beelden, maar die gemakkelijk hier en nu aan te raken is als het eenvoudige gevoel van Zijn. Als hij in persoonlijke termen wordt beschreven, is het een Godheid voorbij elke God en Godin, een Intelligentie-Diepte waar alle dingen nu uit voortkomen. Hij is 'eeuwig', niet als iets wat eeuwigdurend is, maar als iets wat altijd aanwezig is, aangezien het tijdloze Nu zonder tijd is. (Zei zelfs Wittgenstein – de invloedrijke moderne filosoof die bekendstaat om zijn aandringen op feiten en logica – niet: 'Als we eeuwigheid niet opvatten als oneindige wereldlijke duur, maar als tijdloosheid, dan behoort eeuwig leven toe aan hen die in het heden leven'?) Met andere woorden: niet als iets wat altijd doorgaat in tijd, maar als moment zonder enige tijd. Een oneindig moment, zo blijkt, een tijdloos Nu en zuiver Heden dat alle tijd in de palm van zijn hand houdt, als je maar weet waar je het kunt vinden.

Er zijn evenveel 'soorten' van deze Geest als er soorten zijn in de ultraviolette golven van zich ontplooiend bewustzijn. Toch zijn ze het er allemaal over eens dat Geest – hoe die ook wordt genoemd en voorbij alle multiculturalisme – de Grond en het Doel is van alle bestaan, een oneindige Werkelijkheid die achter, voorbij, boven, in en *als* het totale manifeste universum bestaat.*

---

*Laten we iets verhelderen voor gevorderde leerlingen. Wat is het verschil tussen, laten we zeggen, de bovengeeststructuur en de causale toestand? Ze klinken immers hetzelfde. Beide verschaffen toegang tot de Getuige, maar de bovengeest is een stadium in structurele ontwikkeling – en alle ontwikkeling is omwikkeling, of een serie geheel/delen of holonen die alle voorafgaande ontwikkeling overstijgen en insluiten, en stadia zijn dan ook insluitend; terwijl toestanden niet insluiten, maar uitsluiten (d.w.z. je kunt niet tegelijkertijd dronken en nuchter zijn, ook niet tegelijkertijd wakker zijn en dromen, en evenmin tegelijkertijd droomloos slapen en dromen, enzovoort). Het bovengeeststructuurstadium is daarom een zuiver getuige-bewustzijn dat ook een verenigend weten en bewustzijn is dat alle voorafgaande objecten in zich opneemt terwijl ze blijven verschijnen (ze niet uitsluit); zo is de bovengeest een vermogen om zich bewust te zijn van alle voorafgaande structuren, een zevende chakra die inwerkt op de voorafgaande zes chakra's (die nu allemaal volledig tegenwoordig en bewust zijn als 'operanden'). De causale toestand is een bewustzijn zonder objecten, hetzelfde getuige-bewustzijn, maar dan met niets als zijn 'object', een onmetelijke openheid die zijn eigen gelukzalige operand is. De eerste is een inclusieve structuur; de laatste een exclusieve toestand. Zelfs Boeddha's blijven waken, dromen en slapen, waaruit blijkt dat zelfs in Boeddha's toestanden elkaar blijven uitsluiten, ook al is de Getuige er nu volledig vrij van en kunnen, in de bovengeest, al hun vermogens worden geïntegreerd, en is dat ook het geval.

Is er bewijs dat die God bestaat? Ja, absoluut, en hier is het: ontwikkel je tot de ultraviolette golven van je eigen bewustzijn en kijk dan. En proef, raak aan, voel, adem en vertel ons wat je ziet.

Eén ding staat echter vast: het is niet een mythische God, het is niet wetenschappelijk materialisme, het is niet pluralisme. Deze hebben geen van alle een bevredigend antwoord kunnen geven op het raadsel van het bestaan, en daar ligt het dan ook aan. Ze waren nog niet compleet genoeg om het Totaalbeeld te zien van je eigen Zijn, je eigen Wording en je eigen Ontwaken.

Conclusie

De vele gezichten van de Geest, inderdaad ...

Wanneer we de AKWAN-matrix gebruiken, realiseren we ons dat we 'spiritualiteit' kunnen gebruiken, en dat ook doen, om te verwijzen naar kwadranten, niveaus/stadia, lijnen, toestanden en typen. Elk van deze toepassingen is geldig, maar we moeten aangeven over welk aspect van spiritualiteit we het hebben, omdat anders al onze conclusies lijnrecht tegenover elkaar staan en elkaar uiteindelijk grondig tegenspreken. Geen wonder dat het domein van spiritualiteit nog altijd misschien wel het rommeligste onderwerp is dat een mens kan bespreken.

Ga echter over tot toepassing van een IBS en ineens begint het allemaal begrijpelijk te worden, in elk geval begrijpelijk genoeg om te ontsnappen aan de nachtmerrie van het fundamentalisme (geelbruin), de

deprimerende leegte van de wetenschappelijke moderniteit (oranje), of de troosteloze toestand van wat dan ook (groen). Zich bewegend in de richting van de supramentale, transpersoonlijke en bovenbewuste golven van evolutie, lijkt de Geest zelf te glimlachen, zijn aanwezigheid bekend te maken, en zich bewust te worden van het zoveelste spel 'verstoppertje' met zijn eigen zijn en worden.

Er is een Geest voor werkelijk elke golf van bewustzijn, omdat de Geest dat bewustzijn zelf *is* dat op de verschillende niveaus van zijn eigen ontwikkeling verschijnt, hetzelfde Bewustzijn dat sluimert in het mineraal, zich roert in de plant, beweegt in het dier, herleeft in de mens, en weer zichzelf wordt in de ontwaakte wijze. En wat nu zo buitengewoon is, wij allemaal – jij en ik inbegrepen – zijn uitgenodigd om zelf een ontwaakte wijze te worden.

Zullen we die mogelijkheid eens nader gaan bekijken?

Hoofdstuk

6

De integraal-levenpraktijk: maak wat van je leven!

Het doel van een
integraal-leven-
praktijk
is verwezenlijking
van het totale
spectrum van je
unieke en bijzondere
vermogens

Door dagelijkse oefening, op een aantal gebieden of in verschillende modules, kun je grotere vrijheid en compleetheid ervaren in je leven

De ontwaakte wijze is niet enkel een zeldzame vreemde snuiter, die alleen in een grot leeft in India of op een bergtop zit in Tibet. De ontwaakte wijze – of gewoon: ontwaakte mens – is in werkelijkheid wat ons eigen bewustzijn is, zelfs hier en nu, in de diepste vormen en hoogste golven. Dat te beseffen is het doel van de integraal-levenpraktijk.

Het merendeel van de 'IBS-apps' die we hebben behandeld, is in de meeste gevallen gericht op enkele van de praktische toepassingen van de integrale benadering, in geneeskunde, bedrijfsleven en ecologie, en op de bruikbaarheid ervan als hulpmiddel om wijs te kunnen worden uit spiritualiteit. Hoe zit het met de *empirische* en *praktische* aspecten van mijn eigen bewustzijn, groei, transformatie en ontwaken?

De praktische, empirische, 1e-persoon-dimensie van de integrale benadering wordt de **integraal-levenpraktijk**, of **ILP**, genoemd.

De essentie van de ILP is eenvoudig. Als je lichaam, intellect en geest (als niveaus) en zelf, cultuur en natuur (als kwadranten) neemt en deze combineert, krijg je negen mogelijke gebieden van groei en bewustwording. De integraal-levenpraktijk is de voornaamste methode om al die elementen te combineren teneinde de doeltreffendste transformatie te realiseren die mogelijk is.

Om een iets uitgebreider voorbeeld te geven: als je naar figuur 8 (blz. 76) kijkt, zul je opmerken dat je met drie niveaus in vier kwadranten twaalf zones krijgt. De integraal-levenpraktijk heeft praktische oefeningen voor groei in alle twaalf zones gecreëerd, een radicaal unieke en historisch ongekende benadering van groei, ontwikkeling en bewustwording.

Laten we ons concentreren op de bovenste kwadranten – de individuele kwadranten – om te zien wat dit inhoudt. Deze zones zijn zo belangrijk dat we ze aanduiden als *de kernmodules* – lichaam, intellect, geest en schaduw. Om een voorbeeld te geven van waar het om gaat, zal ik de '1-minuutmodules' beschrijven die voor elke zone zijn ontwikkeld. Dit zijn aanzienlijk verkorte versies van de uitgebreide modules, maar deze korte versies slagen erin de hoofdzaken van elke module op zeer beknopte en samengevatte wijze weer te geven. Natuurlijk raden we je aan de vollediger versies van de verschillende modules en oefeningen te doen, maar de 1-minuutmodules zijn opmerkelijk effectief als je maar weinig tijd hebt, of als je iets wilt proeven van de inhoud en effecten van de completere versies.

Laat ik er de nadruk op leggen dat je de ILP-versie van een integrale beoefening niet hoeft te doen. Je kunt je eigen integrale beoefening creëren en die zeer doeltreffend maken. Gebruik eenvoudig de algemene richtlijnen in dit hoofdstuk en zoals samengevat in de ILP-matrix (blz. 170-171). Zoals je in die tabel kunt zien, kunnen tal van praktijken worden gebruikt in de verschillende modules. Het gaat erom eenvoudig uit elk van de basismodules één oefening te kiezen en ze vervolgens samen uit te voeren. Je kunt er hulpmodules aan toevoegen als je wilt, en dan aan de slag! Als je het ILP-startpakket wilt gebruiken dat door het Integral Institute is gecreëerd – of het *Integral Life Practice Handbook* (dat binnenkort verschijnt bij Integral Books) – is dat ook prima, aangezien de onderzoekers op het I-I het meeste werk al voor je hebben gedaan en gedetailleerd instructiemateriaal hebben samengesteld waarin de hier gegeven aanwijzingen aanzienlijk zijn uitgewerkt (www.MyILP.com). Maar geloof me, het is allebei goed.

Integrale visie

De kernmodules

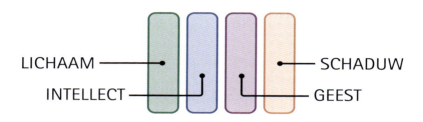

Lichaam, intellect, geest en schaduw – dit zijn de **kernmodules**. Als je denkt dat dit de gebruikelijke 'new age'-benadering of 'holistische' of 'spirituele' benadering is, zou dat echter je eerste vergissing zijn.

Lichaammodule

Om te beginnen betekent 'lichaam' niet louter het kenmerkende voelende lichaam van de new age-spiritualiteit, en het is evenmin het gebruikelijke fysieke lichaam van de westerse geneeskunde. Het is allebei, en meer. Het heeft betrekking op het grove stoffelijke lichaam, het subtiele energielichaam en het causale, transcendente lichaam. De ILP houdt in ze alle drie te oefenen, in wat we een **3-lichamentraining** noemen.

De 3-lichamentraining houdt oefeningen voor het fysieke lichaam in, zoals gewichtheffen en aerobics. Het omvat ook oefeningen voor het subtiele lichaam van emotie, verbeelding en gevoelde betekenis, waaronder variëteiten van tai chi en qi gong. En het houdt oefeningen voor het causale lichaam in, zoals voelen tot in de oneindigheid en de cirkel van licht en leven.

Hier volgen enkele van de 1-minuutmodules voor de 3-lichamentraining.

1-minuutmodule
Krachtoefening

Dit is een vereenvoudigde vorm van een basis-gewichthefoefening. Het is de kortste en gemakkelijkste manier om spieren veerkrachtig en sterk te houden. Met deze oefening versterken we onze spieren door ze snel iets te laten doen wat boven hun macht gaat en ze daarna te laten herstellen. Ons lichaam vormt nieuw spierweefsel om dezelfde uitdaging de volgende keer aan te kunnen. Wanneer we dit principe van uitdagen, tekortschieten en herstel in aanmerking nemen, kunnen oefeningen uiterst eenvoudig, snel en effectief zijn.

Kies, om je spierkracht te versterken, één spiergroep om aan te werken (bijv. biceps, borst, buik, benen). Je kunt een lange halter,

De integraal-levenpraktijk™-matrix

kernmodules

Lichaam (fysiek, subtiel, causaal)	**Intellect** (kader, visie)	**Geest** (meditatie, gebed)	**Schaduw** (therapie)
Gewichtheffen (fysiek)	Lezen en studie	Zen	Gestalttherapie
Aerobics (fysiek)	Geloofssysteem	Centrerend gebed	Cognitieve therapie
F.I.T. ☆ (fysiek, subtiel)	integraal ☆ (AKWAN-)kader	Grote-Geest- ☆ Meditatie™	3-2-1-proces ☆
Dieet: Atkins, Ornish, de Zone (fysiek)	Mentale training	Kabbala	Droomwerk
ILP-dieet (fysiek) ☆	Diverse standpunten innemen	Meedogende uitwisseling ☆	Intermenselijk
Tai chi chuan (subtiel)	Elke wereldbeschouwing of elk zingevingssysteem dat je helpt	TM	Psychoanalyse
Qi gong (subtiel)		Integraal ☆ onderzoek	Kunst- & muziektherapie
Yoga (fysiek, subtiel)		Vipassanameditatie ☆	
3-lichamentraining (fysiek, subtiel, causaal) ☆		Het 1-2-3 van de geest	

EENVOUDIGE OEFENINGEN

hulpmodules

Ethiek	Seks	Werk	Emoties	Relaties
Gedragscodes	Tantra	Juist levensonderhoud	Transmuteren van emoties ⭐	Integrale relaties ⭐
Beroepsethiek	Integrale seksuele yoga ⭐	Beroepsopleiding	Emotionele-intelligentie-training	Integraal ouderschap ⭐
Maatschappelijk avtivisme en milieu-activisme	Kama Soetra	Omgaan met geld	Bhakti-yoga (devotionele oefeningen)	Communicatievaardigheden
Zelfdiscipline	Kundalini-yoga	Werk als vorm van IL ⭐	Emotionele-opmerkzaamheidpraktijk	Parentherapie
Integrale ethiek ⭐	Seksuele transformerende oefening	Karma-yoga	Tonglen (meedogende-uitwisseling-meditatie)	Relationele spirituele oefening
Sportiviteit		Sociale dienstverlening & vrijwilligerswerk	Creatieve expressie & kunst	Juist gezelschap (sangha)
Gelofte & eed		Werk als transformatie		Bewust huwelijk

Zo eenvoudig is het:

- Kies **één oefening** uit elk van de **Vier Kernmodules**
- Voeg er naar wens oefeningen aan toe uit de **Hulpmodules**
- Start!

(We raden in het bijzonder de gouden-steroefeningen ⭐ aan.)

gewone halters, een apparaat of je eigen lichaamsgewicht (bijv. hurk-, opdruk-, opzitoefeningen) gebruiken. Doe een warming-up. Doe daarna de oefening tot je de spiergroep tot totale uitputting brengt. Als je met gewichten werkt, zou dit zo'n acht tot twaalf herhalingen vereisen. Dat is alles – je bent klaar!

Eén dag, één serie, één spiergroep. Kies voor je volgende krachttrainingssessie eenvoudig een andere spiergroep ... en herhaal. Een minuut of twee per dag. Je zult versteld staan door de vooruitgang die je in slechts één maand boekt. Probeer het!

1-minuutmodule
Aerobische oefening

Onderzoek wijst uit dat je aerobische vermogen opvoeren niet noodzakelijkerwijs langdurig hardlopen of trainen vereist. Je kunt ongelooflijk veel baat hebben bij een paar snelle cycli waarin je je hartslag verhoogt en daarna uitrust – wat ook *intervaltraining* wordt genoemd.

Kies voor het verbeteren van je cardiovasculaire gezondheid elke aerobische oefening die je hartslag zal verhogen – het zou hardlopen, fietsen of zelfs touwtjespringen kunnen zijn. Doe een warming-up en voer de activiteit dan op tot je hartslag toeneemt tot ongeveer 80% van zijn maximum (ongeveer wanneer je bui-

Integrale visie

ten adem begint te raken). Heb je dat punt bereikt, stop dan met de activiteit en rust korte tijd uit. Herhaal dit twee of drie keer.

Noot: In verband met letselrisico raden we beginners aan zich, alvorens deze oefening uit te voeren, door een ervaren begeleider te laten adviseren.

 1-minuutmodule
3-lichamentraining

1. Causale lichaam

Sta en adem op een natuurlijke manier ...

Merk de zo-heid, de is-heid van dit en elk ogenblik op. Ik ben deze zo-heid. Ik ben de openheid waarin alle dingen ontstaan.

Adem in, adem uit en adem in. Handpalmen samen op het hart, daarna handen gekruist over de borst, en vervolgens, bij de laatste uitademing, beide handen, langs je zijden, openen ...

Ik adem uit en geef me over aan de oneindigheid.

De integraal-levenpraktijk: maak wat van je leven!

2. Subtiele lichaam

Terwijl ik inadem, nemen de handen energie op, die binnenkomt in los ineengestrengelde vingers ...

Ik adem in de volheid van het leven.

Terwijl ik uitadem, bewegen de handen zich naar voren, palmen naar de hemel gericht ...

Ik adem uit en keer terug naar licht.

Terwijl ik inadem, gaan de handen omlaag naar de zijden, en worden de vingers weer los ineengestrengeld ...

Ik voltooi de cirkel en ben vrij en compleet.

Ga door tot in totaal acht armcycli, met je tong tegen het gehemelte (de 'microkosmische omloop' voltooiend). De handen bewegen zich op je uitademing naar voren en naar de hemel; terwijl je uitademt, gaan je handen weer terug en omlaag.

3. Fysieke lichaam

Raak de buik met de handen aan, inademend en uitademend ...

Oneindige vrijheid en volheid verschijnen als dit kostbare menselijk lichaam.

Hurk zacht neer, inademend en uitademend, beroer de grond ...

Ik raak de aarde aan, ik ben verbonden met alle wezens.

4. Toewijding

Buig in vier richtingen (rechtsom, met de klok mee).

Moge mijn bewustzijn / en mijn gedrag / dienstbaar zijn aan alle wezens / in alle werelden / ze alle bevrijdend / in de zo-heid / van dit en elk ogenblik.

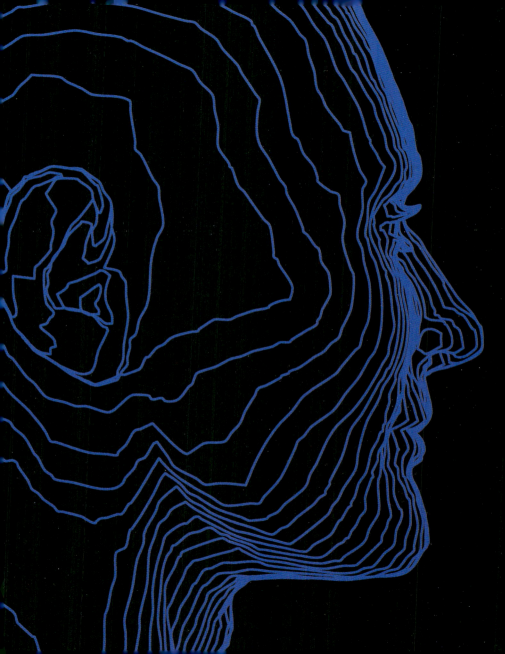

Integrale visie

Intellectmodule: het AKWAN-kader

De module die misschien wel het belangrijkst is van de hele integraal-levenpraktijk is de intellectmodule, eenvoudig omdat deze de ontbrekende schakel is tussen lichaam en geest. Beoefenaars van spiritualiteit overal ter wereld zeggen gewoonlijk dat we 'lichaam, intellect en geest' moeten meetellen en in ere moeten houden, maar in feite is het intellect de afgelopen twintig jaar vrijwel volledig uit beeld gebleven, en zijn de gevoelens van het lichaam in het middelpunt van de belangstelling komen te staan, zozeer dat onmiddellijke gevoelens en ervaringen vaak gelijk zijn gesteld met spiritueel bewustzijn. Het intellect is niet alleen buiten beschouwing gelaten, het is ook 'non-spiritueel' of zelfs 'antispiritueel' genoemd, waarbij kennelijk werd gemeend dat dingen 'uit je hart dienden te komen' en je voorbij diende te gaan aan de obstructie die bekendstaat als je brein. 'Rationaliseer niet, vorm geen concepten, maar voel gewoon, wees gewoon ervaring' – die woorden klonken luid en duidelijk in de westerse wereld terwijl beoefenaars van spiritualiteit overal geloofden dat je, wil je de geest vinden, 'je intellect, je verstand, moet verliezen en bij zinnen moet komen'.

Nou, probeer het maar. En na een jaar of tien je verstand te hebben verloren, besluit je misschien de andere kant op te gaan. Het intellect (*mind*) is in feite de schakel tussen lichaam en geest (*spirit*). Het intellect of het verstand is in het Sanskriet *boeddhi*, en alle *Boeddha's* komen eruit voort. Het intellect is wat lichaam en geest bijeenhoudt. Het intellect komt rechtstreeks voort uit de geest, en is zowel de eerste expressie van de geest, als het hoogste niveau bij terugkeer naar de geest. Als de dimensie tussen lichaam en geest, verankert het intellect de geest in het lichaam en verheft hij het lichaam tot geest, waardoor hij de geest zijn grondvesten geeft en het lichaam zijn spirituele richting, die het anders zou verliezen in eigen gewaarwordingen, beelden en gevoelens. Spirituele groei verloopt van egocentrische lichamelijke gevoelens, die alleen zichzelf kunnen voelen, naar intellect, dat de rol van anderen in zich kan opnemen en zich zo begint te verruimen voorbij het ego, en vandaar naar de wereldcentrische omhelzing van de geest. *Je in iemands toestand verplaatsen* is een mentale handeling, een cognitieve handeling, en gevoelens voelen *die niet van jezelf zijn* vereist het intellect. Het is het intellect dat het mogelijk maakt dat bewustzijn uitstijgt boven de gevangenis van zijn egocentrische gevoelens, en zich radicaal begint te verruimen voorbij zichzelf, op weg naar het omspannen van de hele Kosmos – van gevoelens en gedachten en helder bewustzijn: lichaam en intellect en geest, met intellect als de ontbrekende schakel.

Zonder samenhangend en omvattend mentaal kader storten dingen sneller in dan je *Feelings* kunt zingen. De afgelopen drie decennia is één feit keer op keer duidelijk geworden: zonder mentaal kader dat spirituele ervaringen echt een plaats kan geven, zijn die ervaringen gewoonweg niet blijvend.

In de integraal-levenpraktijk gebruiken we het AKWAN-perspectief of -kader eenvoudig omdat het de enige echt integrale visie is waarvan we ons op dit moment bewust zijn. AKWAN is niet 'alleen maar abstractie', maar een levende, heldere, empirische werkelijkheid. In feite melden de meeste mensen dat het **psychoactief** is. Wanneer je je AKWAN eigen

Integrale visie

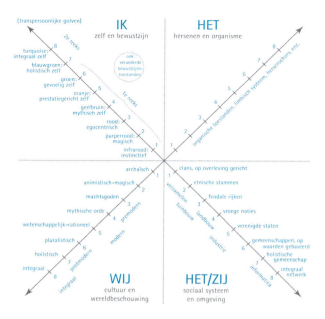

Figuur 20. *De vier kwadranten in mensen.*

maakt – of zodra je een IBS downloadt in je biocomputer – werkt die als innerlijke controlelijst, door je automatisch te waarschuwen dat er binnen je eigen capaciteiten gebieden zijn die je misschien niet optimaal benut. Het legt niets van buitenaf op, maar verheldert van binnenuit je eigen mogelijkheden. Het is ook psychoactief in de zin dat het volledig verandert wat je dacht dat in je eigen wezen beschikbaar was. En ten slotte is het plezierig om te doen: als je het eenmaal echt doorhebt, is het niet moeilijk, maar opwindend.

Alles kunnen plaatsen

Veel mensen gebruiken een simpele uitdrukking om uit te leggen hoe opwindend het is om met de AKWAN-module te werken – 'Ik kan alles plaatsen' – en dat is wat het AKWAN-kader tot stand helpt brengen. In feite was het oorspronkelijk ontworpen als een manier om alle verschillende vormen van menselijke activiteit te kunnen duiden. Als resultaat van meer dan dertig jaar onderzoek door mezelf en vele andere geleerden leverde het ons een manier op om alle voornaamste vormen van kennis en ervaring te duiden en te classificeren. (In dit boek gebruikten we het bijvoorbeeld bij het duiden van de verschillende betekenissen van 'spiritualiteit'.)

Het werd echter al snel duidelijk dat het ook op vele andere terreinen bruikbaar was, onder meer als tamelijk buitengewone kaart van ons eigen bewustzijn (anders zou het immers niet functioneren als duidingssysteem). We vergeleken het vervolgens met ruim honderd kaarten van de combinatie lichaam/verstand uit de hele wereld – premodern, modern en postmodern – en gebruikten die allemaal om leemten die anderen hadden achtergelaten te vullen. Die 'gemengde' kaart telde vijf eenvoudige elementen, en zo ontstond AKWAN.

Integrale visie

Als je AKWAN gaat gebruiken, kun je zelf verifiëren of het je erbij helpt om 'uit alles wijs te kunnen worden'. Neem bijvoorbeeld het conflict tussen religie en wetenschap. Barbara Walters had onlangs een speciaal tv-programma dat ze 'de Hemel' noemde. Daarin interviewde ze eerst een aantal van de populairste spirituele leraren van tegenwoordig, zoals de Dalai Lama, en liet ieder van hen uitleggen hoe diep zinvol en belangrijk spiritueel leven voor hem of haar is. Vervolgens interviewde ze in de tweede helft van het programma bekende wetenschappers, die ieder met zoveel woorden uitlegden dat spirituele ervaringen niets anders zijn dan fysiek vuurwerk in de materiële hersenen. Er bestaat geen geest, alleen stof, verklaarden ze, en mensen die in het eerste geloven zijn duidelijk verslaafd aan kinderlijke illusies en wat al niet.

Het was zo vreemd om dit gade te slaan, omdat je je weldra realiseert dat, zoals iedereen in dit programma dacht, als welk van beide kampen ook gelijk heeft, het andere kamp er faliekant naast zit. Als de wetenschappers gelijk hebben, zitten de spirituele autoriteiten allemaal gevangen in illusies – en *vice versa*. In beide gevallen brengt de helft van alle mensen het leven door in niets dan illusies! Het is onzinnig.

Wel zinnig is dat ze allebei gelijk hebben. De spirituele types hebben het over het kwadrant linksboven en de wetenschappers hebben het over het kwadrant rechtsboven.

Of neem nu de **cultuuroorlogen**. Terwijl het bovengenoemde voorbeeld vooral betrekking heeft op kwadranten, hebben cultuuroorlogen speciaal betrekking op niveaus. Hoewel cultuuroorlogen veel verschillende aspecten hebben, is het brandpunt ervan een hevige strijd tussen **traditionele** waarden, **moderne** waarden en **postmoderne** waarden. Dit

De integraal-levenpraktijk: maak wat van je leven!

zijn bijna precies de respectieve hoogten *geelbruin*, *oranje* en *groen*. Bedenk dat alle eerste-laagniveaus geloven dat hun waarden de enige echte waarden zijn die waar dan ook bestaan, terwijl alle andere in het gunstigste geval verstrikt zitten in diepe verwarring, in het ongunstigste geval in totale illusie. Wel, welkom in de cultuuroorlogen! Het is letterlijk bijna zo simpel.

Wat ons te wachten staat is natuurlijk de grote sprong naar de tweede laag, waar de eerste echte integratie van de verschillende niveaus zich begint te voltrekken, en waar ons bewustzijn zich verheft boven het kruisvuur van de cultuuroorlogen en de uitgestrekte openheid van integraal bewustzijn betreedt, op weg naar onze eigen bovenpersoonlijke verwerkelijking en verlichting. Op dit gebied en zovele andere beginnen dingen door toepassing van een integraal kader of AKWAN-kader plotse-

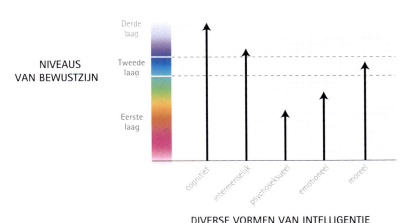

Figuur 21. *Niveaus en lijnen.*

ling begrijpelijk te worden. Ineens valt alles in je leven op zijn plaats. Een zeer diepe rust en zekerheid daalt neer in je bestaan, terwijl het intellect ruimte maakt voor de hele kosmos, niet slechts her en der een onnozel stukje. Vreugde keert terug in het denken; het intellect ontvlamt in feite – en wordt helder – zoals het verondersteld wordt te doen; en elk moment in de wereld van het integrale wordt gekenmerkt door stralende helderheid.

Het allerbelangrijkste is dat er inderdaad voor alles een plaats is in je leven. Alles heeft zin, omdat alles klopt. *Zin* keert terug in je leven. Dit is misschien het allerbelangrijkste en meest direct merkbare aspect van de integrale benadering: alles klopt, en zo keert zin terug.

Aan de andere kant van ironie vind je zin. Aan de andere kant van een gebroken en versplinterde wereld vind je zin. Aan de andere kant van wanhoop vind je zin. Probeer het integrale kader een poosje uit, gun het een proefrit en zie wat je ervan vindt. Maar wat voor kader of visie je ook gebruikt, probeer het zo groot en omvattend te maken als je kunt, omdat de zinvolheid van je leven er vrijwel zeker van afhangt.

Nu volgt de 1-minuutmodule voor het intellect, of het integrale (AKWAN-)kader, gericht op drie niveaus (lichaam, intellect, geest) en vier kwadranten (de 'grote drie': ik, wij en het). Het heet 'AKWAN in de vingers krijgen', omdat dit kader niet louter abstractie is, maar een kaart van een gevoelde en levende werkelijkheid.

1-minuutmodule
AKWAN in de vingers krijgen

De hoeksteen van het AKWAN-kader is inzicht in *perspectieven*. Je kunt deze basisdimensies van je bestaan te allen tijde voelen door eenvoudig op te merken wat al aanwezig is.

• Voel je huidige ik-ruimte of individueel bewustzijn. Hoe voelt het aan om nu een 'ik' te zijn? Voel die ik-heid.

• Voel je huidige wij-ruimte of intersubjectief bewustzijn. Hoe voelt het aan om nu relaties te hebben met anderen? (Als er geen andere mensen aanwezig zijn, kun je je een belangrijke ander, je familieleden of je collega's voorstellen. Je kunt zelfs proberen te voelen wat je verbindt met iemand aan de andere kant van de wereld.) Voel die wij-heid.

• Voel je huidige het-ruimte of objectieve wereld. Wat is er materieel om je heen? Hoe voelt de grond aan onder je voeten? Voel die het-heid.

• *Voel nu je lichaam – je gevoelens en gewaarwordingen.*

• *Voel je intellect – je gedachten en beelden.*

• Voel tot slot de getuige of Geest van dit en elk moment – dat wat nu je ik, wij, het, lichaam en intellect gewaar is.

Integrale visie

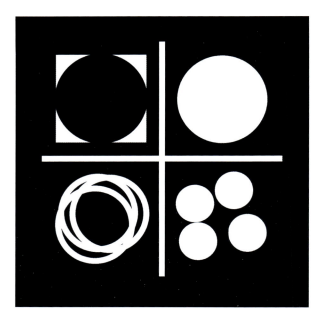

- Herinner jezelf er in stilte aan: 'Dit zijn allemaal dimensies van mijn zijn en worden, die ik alle zal meetellen, die ik geen van alle zal verwerpen.'

Je hebt zojuist een zeer korte versie van AKWAN gevoeld – alle kwadranten (ik, wij, het), en alle niveaus (lichaam, intellect en geest). Zo oefen je **lichaam**, **intellect** en **geest** in **zelf**, **cultuur** en **natuur**.

Schaduwmodule

Nadat ik heb gezegd dat ik de intellectmodule de belangrijkste module vond, heb ik me bedacht: de schaduwmodule is het belangrijkst. (Wel, ze zijn allemaal belangrijk, oké?) Een andere les die we de laatste paar decennia door schade en schande hebben geleerd is dat, als je geen schaduwwerk doet, vrijwel elke andere module kan worden gesaboteerd, en wat nog het ergste is, door je eigen onbewuste drijfveren.

De 'schaduw' is een begrip dat het persoonlijke onbewuste, of het psychische materiaal dat we verdringen, ontkennen, verloochenen of waarvan we ons distantiëren, vertegenwoordigt. Ongelukkigerwijs maakt ontkenning van dit materiaal niet dat het verdwijnt; integendeel, het komt terug om ons te kwellen met pijnlijke neurotische symptomen, obsessies, angsten en zorgen. Dit materiaal blootleggen, er vrede mee sluiten en het erkennen is niet alleen noodzakelijk om de pijnlijke symptomen te verwijderen, maar ook om een accuraat en gezond zelfbeeld te krijgen.

Neem bijvoorbeeld iemand die zich onbehaaglijk voelt over zijn eigen gevoelens van boosheid of agressie. Zodra hij in omstandigheden terechtkomt waarin de gemiddelde persoon boos zou kunnen worden, of op z'n minst knap geïrriteerd, zal dit individu zijn eigen boosheid niet voelen omdat hij die verdringt. De boosheid verdwijnt daar niet door, maar wordt eenvoudig verschoven naar of geprojecteerd op iemand anders. Omdat hij weet dat iemand verdomd boos is, en omdat hijzelf het

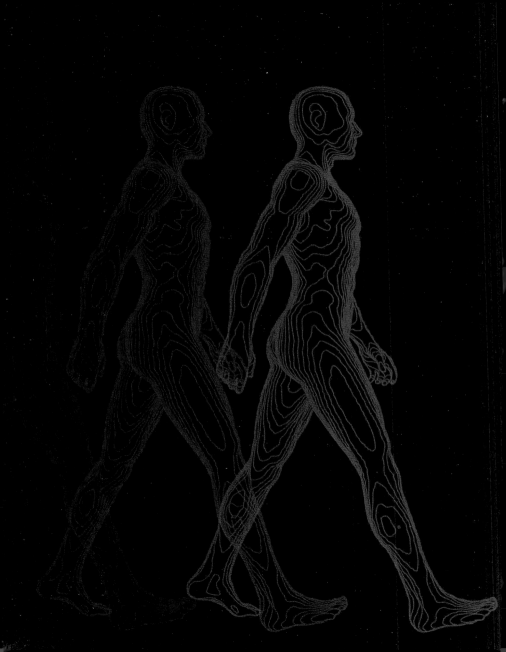

onmogelijk kan zijn, moet het iemand anders zijn – wie dan ook. Nu hij eraan denkt: zijn baas lijkt erg kwaad op hem te zijn! En dat maakt hem ongelooflijk neerslachtig. Zijn eigen gevoelens van boosheid zijn verdrongen, vervreemd, verloochend, en komen vervolgens terug als gevoelens van vervreemding en neerslachtigheid. Boosheid is droefheid geworden en dit individu schaduwbokst zich een weg door een nogal ongelukkig leven.

Men placht te denken dat meditatie op zichzelf de meeste soorten onbewust schaduwmateriaal aan het licht zou brengen of zou 'ont-verdringen'. Nadat mensen verscheidene decennia meditatie hebben beoefend, zijn miljoenen schaduwen echter nog altijd intact. Er is gezocht naar redenen hiervoor en men ontdekte dat, tenzij je precies weet wat je zoekt, het panoramische bewustzijn van meditatie een te grove benadering lijkt om specifieke schaduwelementen te bereiken. Daartoe is psychotherapie met de precisie van een laser vereist.

Omdat meditatie vermogens zoals gevoeligheid en gevoelsbewustzijn versterkt, kan meditatie een persoon zoals in het genoemde voorbeeld helpen meer in contact te komen met zijn gevoelens van droefheid en neerslachtigheid. Misschien is hij in staat de contouren van zijn gevoelens van neerslachtigheid te overspoelen met een enorme hoeveelheid bewustzijn! – maar dit individu zal niet noodzakelijkerwijs de boosheid en woede ontdekken die schuilen en verstopt zitten in zijn gevoelens van neerslachtigheid, tenzij hij precies weet waar en hoe hij moet zoeken. Dit psychologische speurwerk is het terrein van de grote dieptepsychologieën, die grotendeels een ontdekking zijn van het moderne Westen. Meditatie kan psychotherapie ondersteunen, maar niet vervangen.

Integrale visie

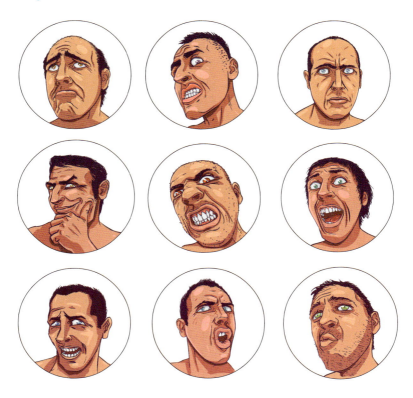

Er bestaan veel doeltreffende vormen van schaduwpsychotherapie, van gestalttherapie tot psychoanalytische therapie tot transactionele analyse. Andere vormen van psychotherapie kunnen ook zeer effectief zijn in het corrigeren van neurotische stoornissen, hoewel ze zich niet

De integraal-levenpraktijk: maak wat van je leven!

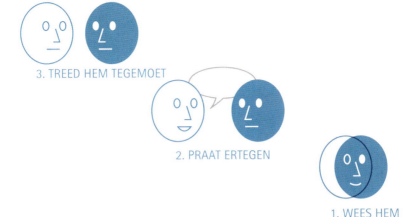

3. TREED HEM TEGEMOET

2. PRAAT ERTEGEN

1. WEES HEM

rechtstreeks met de schaduw bezighouden. De bruikbaarheid van cognitieve en intermenselijke benaderingen is bijzonder goed gedocumenteerd. Zelfs werken met een innerlijk dagboek of met voice-dialogue kan helpen. We noemen dit allemaal 'schaduwwerk'.

Welke vorm je ook mag kiezen, geen enkele integraal-levenpraktijk is compleet zonder een bepaald soort schaduwwerk. We geven eenvoudig de raad deze les niet door schade en schande te leren, omdat je schaduw je helemaal tot en met Verlichting en terug kan vergezellen. De schaduw is gewoon een sluwe kleine rotzak, wat volgens mij om te beginnen de reden is dat je de schaduw wordt.

Hier volgt de 1-minuut-schaduwmodule, die we 'Het 3-2-1 van schaduwwerk' noemen omdat hij helpt om 'het'-symptomen te veranderen in opnieuw erkende aspecten van het zelf doordat je de schaduw **tegemoet treedt** als een 3e persoon, ertegen **praat** als een 2e persoon, en hem vervolgens **bent** als een 1e persoon. TREED TEGEMOET-PRAAT-WEES.

1-minuutmodule
3-2-1-proces

Je kunt het 3-2-1-proces elk moment dat je er behoefte aan hebt uitvoeren. Twee bijzonder bruikbare tijdstippen zijn het moment dat je 's morgens wakker wordt en 's avonds vlak voordat je gaat slapen. Wanneer je 3-2-1 eenmaal kent, kost het maar een minuut om het te doen in verband met iets, wat het ook is, waardoor je van streek bent geraakt.

Kijk 's morgens vroeg (voordat je opstaat) terug op je dromen en zoek iemand die er met een emotionele lading, positief of negatief, in voorkwam. TREED die persoon TEGEMOET terwijl je hem of haar in gedachte houdt. PRAAT dan tegen die persoon, of zoek eenvoudig resonantie met hem of haar. WEES die persoon ten slotte door zijn of haar gezichtspunt in te nemen. Het is voor deze oefening niet nodig om iets op te schrijven – je kunt het hele proces volledig in je binnenste doorlopen.

Kies voordat je naar bed gaat een persoon die jou die dag hetzij van streek bracht, hetzij aantrok. TREED hem of haar TEGEMOET, PRAAT tegen de persoon, en WEES hem of haar vervolgens (zoals zojuist beschreven).

De integraal-levenpraktijk: maak wat van je leven!

Nogmaals, je kunt het 3-2-1-proces in stilte in je eentje doen, wanneer je er maar behoefte aan hebt, overdag of 's nachts.

Hulpmodules (of aanvullende modules)

De lichaam-, intellect-, geest- en schaduwmodule worden als de **kern**modules beschouwd omdat: ten eerste, ze zo essentieel zijn; en ten tweede, ze kunnen worden toegepast door voornamelijk aan jezelf te werken. De **hulp**modules zijn die waarmee je je relaties, je baan of werk in de wereld, je familie, huwelijksleven en intieme partnerrelaties – evenals hogere aspecten van individueel werk – begint aan te pakken.

De belangrijkste van deze modules is de **ethiekmodule**. In een recent opinieonderzoek van het Integral Institute, dat werd verspreid onder ongeveer achtduizend leden van www.IntegralNaked.org, een online radioprogramma, vroegen we degenen die deelnamen aan het onderzoek: 'Welke modules zou u het liefst opnemen in uw eigen integraal-levenpraktijk?' Tot de gekozen onderwerpen behoorden meditatie, werk, relaties, dieet en seksualiteit. Keuze 1 was meditatie; keuze 2 was ethiek. Mensen kozen vaker ethiek dan voedsel, relaties en seks. Kennelijk is onze cultuur zo verstoken van elk moreel kompas, dat mensen op dit gebied absoluut behoefte hebben aan enige vorm van leiding.

De ethiekmodule richt zich op twee primaire oriënterende generalisaties. De eerste is dat *een handeling ethisch of moreel juister is in de*

mate dat ze meer gezichtspunten in aanmerking neemt. Handelingen die alleen een 1e-persoon-gezichtspunt in aanmerking nemen zijn **egocentrisch**. Handelingen die een 2e-persoon-gezichtspunt in aanmerking nemen zijn **etnocentrisch**. Handelingen die een 3e-persoon-gezichtspunt in aanmerking nemen zijn **wereldcentrisch**. En handelingen die een 4e- en 5e-persoon-gezichtspunt innemen zijn **kosmocentrisch**.

Uitgaande van dat inzicht is het niet moeilijk te begrijpen, nietwaar, dat wereldcentrisch handelen *beter* is dan etnocentrisch handelen. Wereldcentrisch is *beter* (of *moreel juister*) dan etnocentrisch, dat beter is dan egocentrisch omdat het rekening houdt met meer gezichtspunten. Net als bij Carol Gilligans proces (**zelfzuchtig** tot **zorgzaam** tot **universeel zorgzaam** tot **integraal**), is elk hoger niveau in staat ethischer te zijn omdat het in staat is meer gezichtspunten in aanmerking te nemen alvorens tot een besluit te komen. Wie zou je besluiten willen zien nemen die jou aangaan, iemand die egocentrisch is of iemand die wereldcentrisch is?

Misschien kunnen we dus al begrijpen dat er een pad is dat uitstijgt boven het morele absolutisme van geelbruin en het morele relativisme van groen. Met integrale ethiek keert zin terug, samen met een moreel kompas dat boven beperktere gezichtspunten uit stijgt en die omvat.

De tweede oriënterende generalisatie is dat ethisch handelen een handelwijze is die ernaar streeft **de grootste diepte te beschermen en te bevorderen voor de grootste breedte**. Deze stelregel staat bekend als de **Primaire Morele Intuïtie**, of PMI. *Diepte* wordt gedefinieerd als het aantal niveaus in een holon, en *breedte* is het aantal holonen op een niveau. Als we de van namen voorziene niveaus in figuur 14 nummeren, dan heeft infrarood een (relatieve) diepte van 1, rood 3, oranje 5, turquoise 8, violet 10, enzovoort.

Het is echter niet genoeg om te weten dat 8 beter is dan 5, dat beter is dan 3. We moeten ook weten hoe dit past bij andere holonen, zowel menselijke als niet-menselijke. Een mens heeft meer diepte dan een koe, die meer diepte heeft dan een wortel, die meer diepte heeft dan een bacterie, die meer diepte heeft dan een quark. Als we dus worden gedwongen om te kiezen wat we zullen doden – een koe of een bacterie – kiezen we de bacterie. Maar omdat alles onderling verbonden is, handelen we niet om eenvoudig meer diepte te bevorderen, maar de grootste diepte over de grootste breedte. Ecologisch bewustzijn – en ecologische ethiek – betreft dit ongelooflijke koorddansnummer om de grootste diepte te redden over de grootste breedte. Alleen diepte kiezen is antropocentrisch; alleen breedte kiezen is bacteriecentrisch. In plaats daarvan handelen we om de grootste diepte te beschermen en te bevorderen voor de grootste breedte, handelen we volgens onze Primaire Morele Intuïtie.

Andere hulpmodules zijn: Emoties omvormen, Karma-yoga (of Werk in de wereld), Seksuele yoga, Relaties, familie en ouderschap. Kijk op www.IntegralTraining.org voor de bijgewerkte versies van deze en andere modules.

Rest ons nog één kernmodule om te bespreken, en ik heb me weer bedacht. Ik denk dat dit de belangrijkste module van allemaal is.

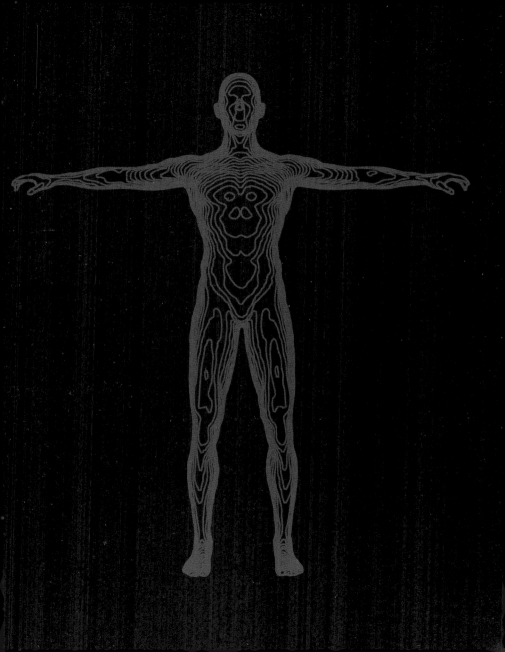

Integrale visie

Geestmodule: de onmetelijke openheid van je eigen Grote Intellect en Grote Hart

We hebben gezien dat het tegenwoordig normaal is dat mensen zeggen 'spiritueel maar niet religieus' te zijn. De algemene gedachte is dat 'religieus' duidt op institutionele vormen van religie – haar dogma's, mythen, verplichte opvattingen, haar oude en vervaagde rituelen; terwijl 'spiritueel' verwijst naar persoonlijke waarden, bewustzijn van het heden, innerlijke werkelijkheden en onmiddellijke ervaring. Natuurlijk zijn sommige aspecten van religie spiritueel, maar institutionele religie lijkt inderdaad voor een groot deel oud en afgeleefd, een overblijfsel van premoderne tijden, of in elk geval prerationele ontwikkelingsstadia.

Geest kan betekenen het uit de eerste hand ervaren van een Zijnsgrond. Het kan alles betekenen wat iemands hoogste belang uitdrukt. Het kan om het even wat betekenen waardoor leven iets van eenheid of transcendentie krijgt. Het kan je eigen diepste aard en toestand betekenen. We hebben veel van dit alles in hoofdstuk 5 onderzocht. Het is echter een feit dat je hetzij gelooft in een spirituele dimensie van zijn, hetzij er niet in gelooft. Omdat de spirituele kernmodule zich richt op de beoefening van meditatie of contemplatie, is hij zo opgezet dat hij ruimte biedt aan het grootst mogelijke scala van oriëntaties, van de meer 'wetenschappelijke' (meditatie is een ontspanningsreactie) tot de meer 'spirituele' (meditatie verschaft toegang tot een hoogste Zijnsgrond, of welke naam je God ook geeft). Gebruik elk van die oriëntaties, of andere, waarbij je je thuis voelt.

De integraal-levenpraktijk: maak wat van je leven!

Een tamelijk uniek hoofdpunt van de integraal-levenpraktijk is wat 'De drie gezichten van de Geest' of soms 'Het een-twee-drie (of 1-2-3) van God' wordt genoemd. Het idee is dat de Geest, terwijl hij zich manifesteert, vier kwadranten heeft, net als de rest van alle manifestatie, en dus kunnen we wanneer we aan de Geest denken, dit doen door gebruik te maken van de vier kwadranten (of eenvoudig de 1e-, 2e- en 3e-persoon-perspectieven van de Geest).

De Geest in de 3e persoon verschijnt als een Groots Levensweb, de volle Totaliteit van het Bestaan begrepen als een Groots Het, een Groots Systeem van Alle Wezens, of Natuur met een hoofdletter N. Deze voorstelling van God werd beroemd door Spinoza.

De Geest in de 2e persoon is een Groots Jij of Groots Gij, een Levende Intelligentie en Liefde die de grond en reden van alle bestaan is. De theïstische tradities van het Westen richten zich speciaal op dit gezicht van de Geest.

De Geest in de 1e persoon is een Groots Ik of Ik-Ik, het Ik dat Getuige is van het Ik, het zuivere oneindige Zelf, het Atman dat Brahman is, het Grote Intellect dat op dit en elk moment je echte bewustzijn is. De oosterse contemplatieve tradities richten zich speciaal op dit gezicht van de Geest.

Welk van die gezichten heeft gelijk? Allemaal natuurlijk. Het zijn de vier kwadranten – of drie gezichten – van de manifeste Geest. Je kunt om het even welk van die perspectieven gebruiken dat goed aanvoelt voor je, maar er bestaat een bijzonder type integraal spiritueel bewustzijn dat voortvloeit uit het gebruiken van alle drie perspectieven of gezichtspunten, en dat is onze benadering.

Integrale visie

Nu volgt de 1-minuutmodule voor de Geest, die zich op alle drie gezichten richt.

 1-minuutmodule
Het 1-2-3 van God

Je kunt God elk moment ervaren als 3e persoon 'Het', als 2e persoon 'Gij', of als 1e persoon 'Ik'. Herhaal eenvoudig in stilte de volgende zinnen voor jezelf, waarbij je elk perspectief rustig en op natuurlijke wijze in je bewustzijn laat opkomen.

- Ik beschouw God als alles wat zich voordoet – de Grote Volmaaktheid van dit en elk moment.

- Ik aanschouw en onderhoud me met God als een oneindig Gij, die mij alle zegeningen en algehele vergeving schenkt, en aan wie ik oneindige dankbaarheid en toewijding betoon.

- *Ik vertrouw op God als mijn eigen Getuige en oorspronkelijke Zelf, het Grote Intellect dat één is met alles, en in deze altijd aanwezige, aangename en natuurlijke toestand ga ik verder met mijn dag.*

Als je wilt kun je het woord 'God' vervangen door elk woord naar eigen keuze dat een Hoogste Wezen tevoorschijn roept. Het zou 'Geest', 'Jehovah', 'Allah', 'Brahman', 'De Heer' of 'De Ene' kunnen zijn.

Hier volgt nog zo'n meditatie, die meer 1e-persoon-georiënteerd is.

Neem nota van je huidige bewustzijn. Neem nota van de objecten die in je bewustzijn verschijnen – de beelden en gedachten die in je intellect opkomen, de gevoelens en gewaarwordingen die in je lichaam opkomen, die ontelbare objecten die zich om je heen in de kamer of de omgeving voordoen. Dit zijn allemaal objecten die in je bewustzijn verschijnen.

Denk nu aan wat vijf minuten geleden in je bewustzijn aanwezig was. Het merendeel van de gedachten is veranderd, het merendeel van de lichamelijke gewaarwordingen is veranderd, en waarschijnlijk is het merendeel van de omgeving veranderd. Iets is echter niet veranderd. Iets in je is nu hetzelfde als het vijf minuten geleden was. Wat is nu aanwezig dat vijf minuten geleden aanwezig was?

IK BEN-heid. Het gevoel-bewustzijn van IK BEN-heid is nog aanwezig. Ik ben die altijd aanwezige IK BEN-heid. Die IK BEN-heid is nu aanwezig, ze was een ogenblik geleden aanwezig, ze was een minuut geleden aanwezig, ze was vijf minuten geleden aanwezig.

Wat was vijf uur geleden aanwezig?

IK BEN-heid. Dat gevoel van IK BEN-heid is een constante, zichzelf kennende, zichzelf herkennende, zichzelf bevestigende IK BEN-heid. Ze is nu aanwezig, ze was vijf uur geleden aanwezig. Al mijn gedachten zijn veranderd, al mijn lichamelijke gewaarwordingen zijn veranderd, mijn omgeving is veranderd, maar IK BEN is altijd aanwezig, stralend, open, leeg, helder, ruim, transparant, vrij. Objecten zijn veranderd, maar niet deze vormloze IK BEN-heid. Deze onmiskenbare en aanwezige IK BEN-heid is nu aanwezig zoals ze vijf uur geleden aanwezig was.

Wat was vijf jaar geleden aanwezig?

IK BEN-heid. Zoveel objecten zijn gekomen en gegaan, zoveel gevoelens zijn gekomen en gegaan, zoveel gedachten zijn gekomen en gegaan, zoveel drama en doodsangst en liefde en haat zijn gekomen, een poos gebleven, en gegaan. Maar één ding is niet gekomen, en één ding is niet gegaan. Wat is dat? Wat is het enige wat nu aanwezig is in je bewustzijn waarvan je je kunt herinneren dat het vijf jaar geleden aanwezig was? Dit tijdloze, altijd aanwezige gevoel van IK BEN-heid is nu aanwezig zoals het vijf jaar geleden aanwezig was.

Wat was vijf eeuwen geleden aanwezig?

Alles wat altijd aanwezig is, is IK BEN-heid. Iedere persoon voelt deze zelfde IK BEN-heid – omdat het geen lichaam is, het geen gedachte is, het niet de omgeving is, het niet iets is wat kan worden gezien, maar veeleer de altijd aanwezige Ziener is, de voortdurende open en lege Getuige van alles wat zich voordoet, in elke persoon, in elke wereld, op elke plaats, op elk tijdstip, in alle werelden tot het einde der tijden, is er alleen en altijd deze onmiskenbare en onmiddellijke IK BEN-heid. Wat anders zou je mogelijkerwijs kunnen kennen? Wat anders kent iemand, wie dan ook, ooit? Er is alleen en altijd deze stralende, zichzelf kennende, zichzelf voelende, zichzelf overstijgende IK BEN-heid – nu, vijf minuten geleden, vijf uur geleden, vijf eeuwen geleden.

Vijf millennia geleden?

Integrale visie

Voordat Abraham was, BEN IK. Voordat het universum was, BEN IK. Dit is mijn oorspronkelijk Gezicht, het gezicht dat ik had voordat mijn ouders waren geboren, het gezicht dat ik had voordat het universum was geboren, het Gezicht dat ik had tot in eeuwigheid, totdat ik besloot weer eens verstoppertje te spelen en te verdwalen tussen de objecten van mijn eigen schepping.

Ik zal NOOIT meer doen alsof ik mijn eigen IK BEN-heid niet ken of voel.

En daarmee is het spel tenietgedaan. Een miljoen gedachten zijn gekomen en gegaan, een miljoen gevoelens zijn gekomen en gegaan, een miljoen objecten zijn gekomen en gegaan. Maar één ding is niet gekomen, en één ding is niet gegaan: het grote Ongeborene en het grote Onsterfelijke, dat de stroom van de tijd nooit betreedt of verlaat, een zuivere Aanwezigheid boven tijd, zwevend in eeuwigheid. Ik ben deze grootse, onmiskenbare, zichzelf kennende, zichzelf bevestigende, zichzelf bevrijdende IK BEN-heid.

Voordat Abraham was, BEN IK.

IK BEN is niets anders dan Geest in 1e persoon, het ultieme, het sublieme, het stralende al-scheppende Zelf van de hele Kosmos, aanwezig in mij en jou en hem en haar en hen – als de IK BEN-heid die wij allemaal voelen.

Omdat het totale aantal IK BENs, in heel het gekende universum, slechts één is.

Wees altijd IK BEN-heid, dezelfde IK BEN-heid die je nu voelt, die de Ongeboren Geest zelf is die in en als jou schittert. Neem ook je persoonlijke identiteit aan – als dit of dat object, of dit of dat zelf, of dit of dat ding – altijd vertrouwend op de Grond van Alles, als deze grootse en volstrekt onmiskenbare IK BEN-heid, en sta op en ga verder met je dag, in het universum dat IK BEN creëerde.

Hoofdstuk

7

Niet het einde, maar het begin

Als je maar verblijft als de Getuige van deze wereld en alle werelden die zich voordoen in je eigen bewustzijn ...

AKWAN of IBS is alleen een kaart, niets meer. Het is niet het gebied. Maar voor zover we weten is het de meest veelomvattende kaart die we op dit moment bezitten. Bovendien – en dit is belangrijk – dringt de integrale kaart erop aan dat we naar het echte gebied gaan en niet verstrikt raken in louter woorden, ideeën of concepten. Herinner je je dat de kwadranten enkel een versie van 1e-, 2e- en 3e-persoon-werkelijkheden zijn? Wel, de integrale kaart en AKWAN en IBS zijn slechts 3e-persoon-woorden, het zijn abstracties, een reeks 'het'-tekens en -symbolen. Die 3e-persoon-woorden zelf dringen er echter op aan dat we ook 1e-persoon-directe-gevoelens, -ervaringen en -bewustzijn meetellen, evenals 2e-persoon-dialoog, -contact en -intermenselijke-zorgzaamheid. De integrale kaart zegt: *deze kaart is slechts een 3e-persoon-kaart, dus vergeet die andere belangrijke werkelijkheden niet, die allemaal dienen te worden opgenomen in elke veelomvattende benadering.*

Integrale visie

We hebben enkele van de toepassingen of applicaties - apps – gezien van het integrale model. We kunnen nu besluiten met een korte samenvatting van de hoofdpunten van het model zelf.

AKWAN is een afkorting van **alle kwadranten, alle niveaus,** wat zelf weer een korte vorm is van 'alle kwadranten, alle niveaus, alle lijnen, alle toestanden, alle typen', die eenvoudig vijf van de meest fundamentele elementen zijn die in elke werkelijk integrale of alomvattende benadering moeten worden opgenomen.

Wanneer AKWAN als richtinggevend kader wordt gebruikt om welke activiteit ook te ordenen of te begrijpen, noemen we het ook een **integraal besturingssysteem**, of gewoon **IBS**. Er zijn geavanceerdere vormen van IBS beschikbaar, maar **IBS-Basis**, dat in dit boek wordt geïntroduceerd, bevat alle essentiële elementen (kwadranten, niveaus, lijnen, toestanden, typen) waarmee iedereen een begin kan maken met een meeromvattende, inclusieve en effectieve benadering.

Wanneer AKWAN of IBS wordt gebruikt voor echte persoonlijke groei en ontwikkeling, spreken we van de **integraal-levenpraktijk**, wat de meest veelomvattende en daarom doeltreffendste weg van transformatie lijkt te zijn die beschikbaar is. De onderzoekers van het Integral Institute hebben geprobeerd een eenvoudige, gemakkelijke, inleidende versie ervan te creëren, de **ILP-beginnersmap**, die je misschien wilt uitproberen. Ik heb het land aan verkooppraatjes, maar ik weet niet hoe ik anders het feit kan overbrengen dat er een ILP-beginnersmap verkrijgbaar is, en dat in elk geval enkele mensen die best gaaf vinden. Kijk er eens naar op www.MyILP.com.

Hier volgt nog een belangrijke conclusie. IBS is een **neutraal kader**;

het vertelt je niet wat je moet denken, dringt je geen bepaalde ideologieën op, dwingt je bewustzijn in geen enkel opzicht. Wanneer bijvoorbeeld wordt gezegd dat mensen een waak-, een droom- en een diepeslaaptoestand kennen, zegt dat niet wat je zou moeten denken terwijl je wakker bent of wat je zou moeten zien wanneer je droomt. Het zegt eenvoudig: als je alles wilt omvatten, zorg dan dat je de waak-, de droomtoestand en de vormloze toestand meetelt.

Op dezelfde manier, wanneer bijvoorbeeld wordt gesteld dat alle gebeurtenissen vier kwadranten – of gewoon een 'ik'- een 'wij'- en een 'het'-dimensie – hebben, zegt dat niet wat het 'ik' zou moeten doen, of het 'wij' zou moeten doen, of het 'het' zou moeten doen. Het zegt eenvoudig: als je probeert alle belangrijke mogelijkheden te omvatten, zorg dan dat je het 1e-persoon- en 2e-persoon- en 3e-persoon-perspectief meeweegt, omdat die in alle belangrijke talen wereldwijd voorkomen.

Juist omdat IBS een neutraal kader is, kan het worden gebruikt om meer helderheid, zorg en omvattendheid te brengen in vrijwel elke situatie, waardoor de kans op succes groter wordt, of dat succes nu wordt gemeten in termen van persoonlijke transformatie, maatschappelijke verandering, zakelijk functioneren, zorg voor anderen, of eenvoudig geluk in je leven.

Maar omdat IBS op elk terrein – van geneeskunde tot kunst, van zakenwereld tot spiritualiteit, van politiek tot ecologie – kan worden gebruikt, is het allerbelangrijkste misschien wel dat we voor het eerst in de geschiedenis een uitgebreide en vruchtbare dialoog tussen al deze disciplines kunnen beginnen. Wie IBS gebruikt in de zakenwereld kan gemakkelijk en doeltreffend praten met iemand die IBS gebruikt in poëzie, dans,

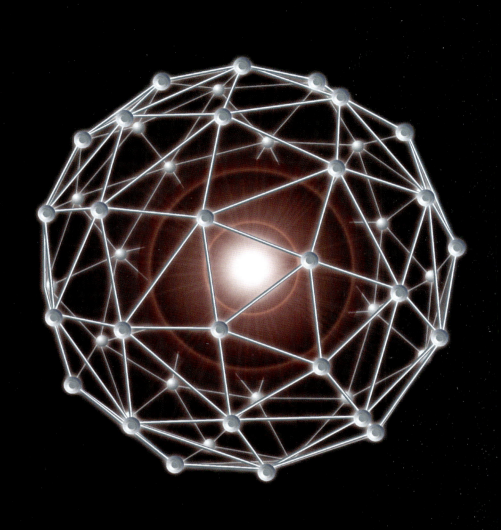

Niet het einde, maar het begin

of schone kunsten, eenvoudig omdat ze nu een taal – of besturingssysteem – gemeen hebben waarmee ze kunnen communiceren. Wanneer je IBS gebruikt, kun je er niet alleen honderden 'software'programma's op toepassen, maar al die programma's kunnen nu ook met elkaar communiceren en van elkaar leren, waardoor een evolutionaire ontwikkeling in de richting van nog grotere dimensies van zijn en weten en doen wordt bevorderd.

Daarom kwamen duizenden geleerden en leraren uit de hele wereld bijeen en zetten Integral University op, de eerste integrale leergemeenschap ter wereld. Omdat al die verschillende menselijke activiteiten, eerder gescheiden door tekortschietende vaktaal en terminologieën, werkelijk effectief met elkaar kunnen gaan communiceren door toepassing van een integraal besturingssysteem, kan elk van die disciplines met de andere een uitwisseling beginnen en van de andere leren. Dit is op geen enkel tijdstip in de geschiedenis ooit doeltreffend gebeurd, en het integrale avontuur kan nu dan ook beginnen.

Hoe we er ook naar kijken, het komt allemaal neer op een paar eenvoudige punten. In je groei en ontwikkeling beschik je over het vermogen om zelf, cultuur en natuur tot steeds hogere, ruimere en diepere zijnsvormen te brengen, jezelf uit te breiden van geïsoleerde vereenzelviging met 'ik' tot een vollediger vereenzelviging met 'wij' tot een nog diepere vereenzelviging met 'wij allemaal' – met alle bewuste wezens waar dan ook – terwijl je eigen capaciteit voor Waarheid en Goedheid en Schoonheid zich verdiept en verruimt. Hierdoor ontstaat een bewustzijn dat steeds verder groeit en steeds meer omvat, verwerkelijkt in zelf, vormgegeven in natuur, en uitgedrukt in cultuur.

Cultivering dus van lichaam, intellect en geest in zelf, natuur en cultuur. Dit is het buitengewone streven en doel van de integrale benadering, en we zouden het geweldig vinden als je je bij ons aansluit in deze opwindende onderneming.

Nieuw avontuur, nieuwe politiek en zelfs een nieuwe revolutie wachten ons aan de horizon. Voel je het?

Nieuw werk om te doen, nieuwe glorie om over te vertellen, nieuw terrein om te onthullen en geheimen van het hart om te openbaren, hoewel het te vol is om te kunnen spreken, te zeer straalt om te kunnen zien, te onmetelijk is om te kunnen bevatten, te eeuwig om te kunnen aanraken, maar alleen omdat het juist hier en nu is, dichter bij je dan je eigen adem, meer in je dan je eigen gedachten, en dichter bij de Geest dan al je gedachten samen, dit innerlijk van Jou dat nu deze bladzijde leest, naar de wereld kijkt en zich afvraagt wat het allemaal betekent, terwijl wat-het-allemaal-betekent *jij* bent. Niet de jij die gezien kan worden, maar de Jij die ziet.

De Ziener in je, de Getuige van deze bladzijde en de hele wereld eromheen: hij glinstert en fonkelt van opwindende gelukzaligheid die verweven is met de vrijheid van elk moment, een vrijheid die verzengt, een hoge vlucht neemt, die opgaat in oneindigheid bij elke uitademing, je ruggengraat streelt met haar stralende intensiteit terwijl ze vanuit je lichaam het grote hiernamaals in scheert, als geschenken meevoerend oneindig mededogen en radicale volmaaktheid en stralende zorgzaamheid, geschenken zo verschrikkelijk kolossaal dat je lichaam zou openbarsten als het zou proberen ze te omvatten. Je kunt haar nu voelen, deze Volheid die van jou is en tegen je aan duwt, die probeert zich uit te brei-

Integrale visie

den, deze Vrijheid die van jou is als je maar plaatsmaakt en het allemaal door je heen laat denderen. En dat doet het ook, als je verblijft als Getuige van deze wereld en alle werelden die als vanzelf verschijnen in je eigen bewustzijn, werelden door jou gecreëerd bij elke zonsopkomst en elke zonsondergang, wanneer de stralende hemelbol langs het onmetelijke uitspansel van je eigen doorschijnende leegte trekt. De geweldige *stralende open ruimte* die jij van moment tot moment bent is *alles* wat er ooit is. Kijk! Kijk! Kijk! Wat zie je? Wat *kun* je zien? Anders dan deze patronen van je eigen Zelf, deze geweldige Ene Smaak van je eigen oorspronkelijke Aanwezigheid, overal verschijnend als de wereld. Is die wereld 'daar buiten' iets anders dan je gewaarwording van *jou* nu? Luister naar me:

>Alles is jou.
>Jij bent leeg.
>Leeg is onbeperkt manifesterend.
>Onbeperkt manifesterend is zelf-bevrijdend.

Sluit je alsjeblieft bij me aan, vrienden, en laten we dit tot slot nog één keer doen:

Neem nota van je huidige bewustzijn.

Neem nota van de objecten die in je bewustzijn verschijnen – de beelden en gedachten die in je opkomen, de gevoelens en gewaarwordingen die in je lichaam opkomen, die ontelbare objecten die zich om je heen in de kamer of de omgeving voordoen. Dit zijn allemaal objecten die in je bewustzijn verschijnen.

Denk nu aan wat vijf minuten geleden in je bewustzijn aanwezig was. Het merendeel van de gedachten is veranderd, het merendeel van de lichamelijke gewaarwordingen is veranderd, en waarschijnlijk is het merendeel van de omgeving veranderd. Iets is echter niet veranderd. Iets in je is nu hetzelfde als het vijf minuten geleden was. Wat is nu aanwezig dat vijf minuten geleden aanwezig was?

IK BEN-heid. Het gevoel-bewustzijn van IK BEN-heid is nog aanwezig. Ik ben die altijd aanwezige IK BEN-heid. Die IK BEN-heid is nu aanwezig, ze was een ogenblik geleden aanwezig, ze was een minuut geleden aanwezig, ze was vijf minuten geleden aanwezig.

Wat was vijf uur geleden aanwezig?

IK BEN-heid. Dat gevoel van IK BEN-heid is een constante, zichzelf kennende, zichzelf herkennende, zichzelf bevestigende IK BEN-heid. Ze is nu aanwezig, ze was vijf uur geleden aanwezig. Al mijn gedachten zijn veranderd, al mijn lichamelijke gewaarwordingen zijn veranderd, mijn omgeving is veranderd, maar IK BEN is altijd aanwezig, stralend, open, leeg, helder, ruim, transparant, vrij. Objecten zijn veranderd, maar niet deze vormloze IK BEN-heid. Deze onmiskenbare en aanwezige IK BEN-heid is nu aanwezig zoals ze vijf uur geleden aanwezig was.

Wat was vijf jaar geleden aanwezig?

IK BEN-heid. Zoveel objecten zijn gekomen en gegaan, zoveel gevoelens zijn gekomen en gegaan, zoveel gedachten zijn gekomen en gegaan, zoveel drama en doodsangst en liefde en haat zijn gekomen, een poos gebleven, en gegaan. Maar één ding is niet gekomen, en één ding is niet gegaan. Wat is dat? Wat is het enige wat nu aanwezig is in je bewustzijn waarvan je je kunt herinneren dat het vijf jaar geleden aanwezig was? Dit tijdloze, altijd aanwezige gevoel van IK BEN-heid is nu aanwezig zoals het vijf jaar geleden aanwezig was.

Wat was vijf eeuwen geleden aanwezig?

Alles wat altijd aanwezig is, is IK BEN-heid. Iedere persoon voelt deze zelfde IK BEN-heid – omdat het geen lichaam is, het geen gedachte is, het niet de omgeving is, het niet iets is wat kan worden gezien, maar veeleer de altijd aanwezige Ziener is, de voortdurende open en lege Getuige van alles wat zich voordoet, in elke persoon, in elke wereld, op elke plaats, op elk tijdstip, in alle werelden tot het einde der tijden, is er alleen en altijd deze onmiskenbare en onmiddellijke IK BEN-heid. Wat anders zou je mogelijkerwijs kunnen kennen. Wat anders kent iemand, wie dan ook, ooit? Er is alleen en altijd deze stralende, zichzelf kennende, zichzelf voelende, zichzelf overstijgende IK BEN-heid, of ze nu aanwezig is, vijf minuten geleden, vijf uur geleden, vijf eeuwen geleden.

Vijf millennia geleden?

Voordat Abraham was, BEN IK. Voordat het universum was, BEN IK. Dit is mijn oorspronkelijk Gezicht, het gezicht dat ik had voordat mijn ouders waren geboren, het gezicht dat ik had voordat het universum was geboren, het Gezicht dat ik had tot in eeuwigheid, totdat ik besloot weer eens verstoppertje te spelen en te verdwalen tussen de objecten van mijn eigen schepping.

Ik zal NOOIT meer doen alsof ik mijn eigen IK BEN-heid niet ken of voel.

En daarmee is het spel tenietgedaan. Een miljoen gedachten zijn gekomen en gegaan, een miljoen gevoelens zijn gekomen en gegaan, een miljoen objecten zijn gekomen en gegaan. Maar één ding is niet gekomen, en één ding is niet gegaan: het grote Ongeborene en het grote Onsterfelijke, dat de stroom van de tijd nooit betreedt of verlaat, een zuivere Aanwezigheid boven tijd, zwevend in eeuwigheid. Ik ben deze grootse, onmiskenbare, zichzelf kennende, zichzelf bevestigende, zichzelf bevrijdende IK BEN-heid.

Voordat Abraham was, BEN IK.

IK BEN is niets anders dan Geest in 1e persoon, het ultieme, het sublieme, het stralende al-scheppende Zelf van de hele Kosmos, aanwezig in mij en jou en haar en hen – als de IK BEN-heid die wij allemaal voelen.

Omdat het totale aantal IK BENs, in heel het gekende universum, slechts één is.

Wees altijd IK BEN-heid, dezelfde IK BEN-heid die je nu voelt, die de Ongeboren Geest zelf is die in jou en als jou schittert. Neem ook je persoonlijke identiteit aan – als dit of dat object, of dit of dat zelf, of dit of dat ding – altijd vertrouwend op de Grond van Alles, als deze grootse en volstrekt onmiskenbare IK BEN-heid, en sta op en ga verder met je dag, in het universum dat IK BEN creëerde.

Het is een nieuwe dag, het is een nieuwe dageraad, het is een nieuwe man, het is een nieuwe vrouw. De nieuwe mens is integraal, net als de nieuwe wereld.

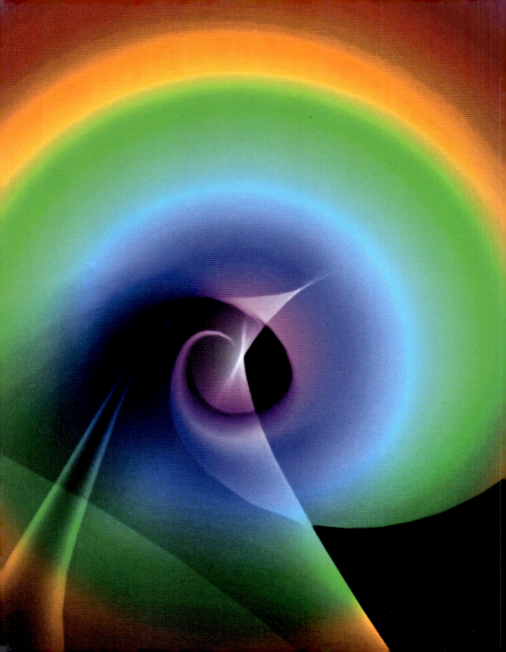

Boeken van Ken Wilber

The Spectrum of Consciousness (1977). Een inleiding tot het totale-spectrummodel, het eerste dat systematisch aantoont hoe de grote psychologische systemen van het Westen en de grote beschouwende tradities van het Oosten kunnen worden geïntegreerd.

No Boundary: Eastern and Western Approaches to Personal Growth (1979). Een eenvoudige en populaire leidraad voor psychologieën en therapieën, van zowel westerse als oosterse herkomst, die beschikbaar zijn; door Wilber gekenschetst als afspiegeling van de 'romantische' fase van zijn vroege werk. Nederlandse uitgave: *Zonder grenzen: oosterse en westerse benaderingen van persoonlijke groei*. Karnak, Amsterdam 1983 – 6e druk 2006.

The Atman Project: A Transpersonal View of Human Development (1980). Het eerste psychologische systeem dat een manier voorstelt om oosterse en westerse, conventionele en contemplatieve, orthodoxe en mystieke benaderingen te verenigen in één samenhangend kader. Nederlandse uitgave: *Het Atman-project: een transpersoonlijke visie op menselijke ontwikkeling*. Servire, Cothen 1992.

Up from Eden: A Transpersonal View of Human Evolution (1981). Zich baserend op theoretici variërend van Joseph Campbell tot Jean Gebser, schetst Wilber de evolutionaire reis – en 'procesdialectiek' - van de mensheid van haar oerverleden tot haar integrale toekomst.

The Holographic Paradigm and Other Paradoxes: Exploring the Leading Edge of Science (1982). Een bloemlezing van bijdragen van vooraanstaande wetenschappers en denkers over de dialoog tussen wetenschap en religie.

A Sociable God: Toward a New Understanding of Religion (1983). Een wetenschappelijke introductie van een systeem van betrouwbare methoden met behulp waar-

Integrale visie

van de legitimiteit en authenticiteit van elke religieuze beweging kunnen worden beoordeeld.

Eye to Eye: The Quest for the New Paradigm (1983). Een onderzoek naar de drie domeinen van kennis: het empirische domein van de zintuigen, het rationele domein van het intellect, en het contemplatieve domein van de geest. Nederlandse uitgave: *Oog in oog: veranderende denkbeelden voor deze tijd.* Lemniscaat, Rotterdam 1985.

Quantum Questions: Mystical Writings of the World's Great Physicists (1984). Een bloemlezing van niet-technische fragmenten, gekozen uit het werk van belangrijke fysici, onder wie Heisenberg, Schrödinger, Einstein, De Broglie, Jeans, Planck, Pauli en Eddington.

Transformations of Consciousness: Conventional and Contemplative Perspectives on Development, door Ken Wilber, Jack Engler en Daniel P. Brown (1986). Negen verhandelingen die het totale-spectrummodel van menselijke groei en ontwikkeling, van prepersoonlijk tot persoonlijk tot transpersoonlijk, onderzoeken.

Spiritual Choices: The Problem of Recognizing Authentic Paths to Inner Transformation, onder redactie van Dick Anthony, Bruce Ecker en Ken Wilber (1987). Psychologen en spirituele leraren dragen bij aan dit onderzoek naar religieuze bewegingen, gericht op het oplossen van het dilemma hoe spirituele tirannie te onderscheiden van legitiem spiritueel gezag.

Grace and Grit: Spirituality and Healing in the Life and Death of Treya Killam Wilber (1991). Het ontroerende verhaal van Kens huwelijk met Treya en de vijf jaar durende reis waarin beiden haar ziekte, behandeling en uiteindelijke overlijden aan borstkanker beleefden. Nederlandse uitgave: *Overgave en strijd: de groei van inzicht en liefde tijdens het leven en sterven van Treya.* Karnak, Amsterdam 1993.

Sex, Ecology, Spirituality: The Spirit of Evolution (1995). Het eerste deel van de Kosmos Trilogy en het boek dat het vierkwadrantenmodel introduceerde. Deze krachttoer van wetenschap en visie traceert de loop van de evolutie van materie tot leven tot geest (en mogelijke hogere niveaus in de toekomst), en beschrijft de gemeenschappelijke patronen die evolutie volgt in alle drie domeinen.

Boeken van Ken Wilber

A Brief History of Everything (1996). Een korte, zeer leesbare versie van *Sex, Ecology, Spirituality*, geschreven in een toegankelijke conversatiestijl, zonder alle technische discussies en eindnoten; een goed vertrekpunt voor hen die nog niet bekend zijn met Wilbers werk. Nederlandse uitgave: *Een beknopte geschiedenis van alles*. Lemniscaat, Rotterdam 1997 – 3e druk 2004.

The Eye of Spirit: An Integral Vision for a World Gone Slightly Mad (1997). Essays verkennen de integrale benadering van gebieden als psychologie, spiritualiteit, antropologie, cultuur-, kunst- en literatuurwetenschap, ecologie, feminisme en planetaire transformatie.

The Marriage of Sense and Soul: Integrating Science and Religion (1998). Na de grote wijsheidstradities van de wereld te hebben onderzocht, en kenmerken die ze delen eruit te hebben gedistilleerd, biedt Wilber dwingende argumenten dat deze niet alleen verenigbaar zijn met wetenschappelijke waarheid, maar ook een vergelijkbare wetenschappelijke methode gemeen hebben. Nederlandse uitgave: *De integratie van wetenschap en religie*. Servire, Utrecht 1998.

The Essential Ken Wilber: An Introductory Reader (1998). Korte passages uit Wilbers populairste boeken, die een goed beeld geven van de essentie en het karakteristieke van zijn geschriften, voor hen die zijn werk nog niet kennen.

One Taste: The Journals of Ken Wilber (1999). Een levendig en onderhoudend kijkje in een jaar uit het leven van Ken Wilber.

The Collected Works of Ken Wilber, deel 1-8 (1999-2000). Een lopende reeks.

Integral Psychology: Consciousness, Spirit, Psychology, Therapy (2000). Een baanbrekende studie die de eerste echt integrale psychologie introduceert - een model dat ontwikkelingsgolven, ontwikkelingsstromen, bewustzijnstoestanden en het zelf omvat en hun koers, van onderbewust tot zelfbewust tot bovenbewust, volgt. Nederlandse uitgave: *Integrale psychologie*. Ankh-Hermes, Deventer 2001.

A Theory of Everything: An Integral Vision for Business, Politics, Science, and Spirituality (2001). Een compacte samenvatting van de integrale benadering als echte 'wereldfilosofie', opmerkelijk omdat ze veel concrete toepassingen op verschillende

Integrale visie

terreinen omvat. Een populaire keuze als inleidende leesstof.

Boomeritis: A Novel That Will Set You Free (2002). Een combinatie van briljante geleerdheid en venijnige parodie. De roman neemt een van de hardnekkigste obstakels op de korrel die verwezenlijking van de integrale visie in de weg staan: pluralisme plus narcisme, een ziekte die Wilber 'boomeritis' noemt.

The Simple Feeling of Being: Embracing Your True Nature (2004). Een collectie inspirerende, mystieke en leerrijke passages uit Wilbers publicaties, samengesteld en geredigeerd door enkele vroege leerlingen. Nederlandse uitgave: *De eenvoud van zijn: omarm je ware aard.* Ankh-Hermes, Deventer 2005.

Integral Spirituality: A Startling New Role for Religion in the Modern and Postmodern World (2006). Een theorie over spiritualiteit die de waarheden van premoderniteit, moderniteit en postmoderniteit – met inbegrip van de revoluties in wetenschap en cultuur – erkent, maar ook de essentiële inzichten van de grote religies omvat. Dit is een waarlijk revolutionair boek, dat door critici is begroet als een werk dat aard en rol van religie en spiritualiteit fundamenteel verandert.

Boeken over Ken Wilber:
Frank Visser, *Ken Wilber: denken als passie.* Lemniscaat, Rotterdam 2001 – 2e druk 2004.

Illustratieverantwoording

Kunstenaars die hebben bijgedragen

Rommel DeLeon (www.c4chaos.com)
pp. 6, 22-23, 24-25, 108-109, 140 (midden), 208-209, 210-211, 212

Todd Guess (www.toddguess.com)
pp. 14, 64, 78, 83, 156, 226

Karl Eschenbach (www.karleschenbach.com)
pp. 130, 160-161, 162-163, 164

Momali Perera
pp. 60-61

Kim Smith (www.kesmit.com)
p. 219

Overige bijdragende kunstenaars
Chad Baker/Ryan McVay (pp. 12-13)
David Brunner (p. 19)
Marinko Tarlac (p. 29)
Paul Salamone (pp. 35 (illustratie aarde met dank aan NASA), 40, 54, 123, 146, 191)
Kevin Russ (p. 45)

Integrale visie

Edward Koren (p. 52, © The New Yorker Collection 1995 Edward Koren, cartoonbank.com. Alle rechten voorbehouden)
Mark Pruitt (pp. 62-63)
Joseph Jean Rolland Dubé (p. 69 boven)
Maartje van Caspel (p. 69 midden, p. 93 rechtsboven)
Klaas Lingbeek van Kranen (p. 69 onder)
Alex Bramwell (p. 74)
Joe Morrison en Ken Wilber (pp. 90, 110)
Antonis Papantoniou (pp. 93 linksboven, p. 190)
Lisa F. Young (p. 93 linksonder)
Lloyd Paulson (p. 93 rechtsonder)
Peter Chen (p. 99 linksboven)
Amanda Rhode (p. 99 rechtsboven, p. 200 midden)
Lise Gagne (p. 99 linksonder)
Eliza Snow (p. 99 rechtsonder)
Jim Jurica (p. 101)
Katernya Govorushchenko (p. 103)
Ben Wright en Ken Wilber (pp. 119, 216)
Elena Ray (pp. 126, 140 boven)
Vladimir Pomortsev (p. 140 onder)
Brand X Pictures – hoofdstuk 6, alle 'topografisch lichaam'-beelden
Steve Self (p. 186)
Andy Lim (p. 200 links)
Oleg Prikhodko (p. 200 rechts)